よくわかる学校現場の教育心理学

AL時代を切り拓く10講

堀 裕嗣 著

まえがき

こんにちは。堀裕嗣です。「学校現場」シリーズの二冊目です。

本シリーズは、学生時代に教職課程で学んだことが現場では役に立たないと言う人たちに対する、僕なりのアンチテーゼを提出しようというのを基本コンセプトにしています。私の青年期は、まだ大学がかつての教養主義に彩られ、教員養成系大学でさえリトル帝大的な学術を学んでいました。そういう時代でしたから、大学時代に学んだことは現場ではまったくに役に立たないという声が大きかったのです。私はそうした声に反発を抱きながら二十代の教師生活を送っていました。いやいや、大学時代の学びは、間接的に著しく現場に活きているよと。一九九〇年代初頭のことです。

その後、二十世紀末から大学改革が激しく展開されました。教員養成系大学は専門学校の様相を呈し、実学に名を借りた「現場に活きる」とされる技術的なことばかりが扱われるようになりました。確かに教員養成系大学が教養主義だけを追うと、学校現場に出てそれを活かそうとすると、自らの力でもう一段階段を昇る必要が出てきます。間接的にしか使えない教養を直接的に「使える形」にしていく、そうしたワンステップが必要になるのです。

しかし、時代がこんなにも急激に変化している折、実学はすぐに古くなります。技術もすぐに使えなくなります。この二十年で指導案の書き方がどれだけ変化したでしょうか。この二十年で生徒指導の在り方がどれだけ変化したでしょうか。私たちはいま、自分の頭で考えながら、次々に新たな手法を開発しなければ安定した成果を上げられない、そんな世の中を生きています。そして実は、そんな世の中を生き抜くためには、現在の教員養成大学の在り方よりも、かつての在り方のほうが良かったのではないか、そんなふうにさえ思うのです。

現在、鳴り物入りで「アクティブ・ラーニング」（以下「AL」）が学校教育に導入されようとしています。「資質・能力」「主体的・対話的で深い学び」という語も定着しつつあります。従来の一斉授業のみで授業を展開している教師は、現在ほとんどいません。なのに、AL型授業はどこか機能していない。子どもたちがその瞬間には楽しそうに参加しているけれど、いまひとつ長期的な意欲の喚起、長期的な学びの主体性には寄与していない。本書は、私がそんな問題意識を抱いたことを出発点としています。

ご笑覧いただき、ご批正いただければ幸いです。

堀　裕嗣

まえがき……………………………目　次……………

第一講 行動主義と認知主義 I

これからの学校教育

一　「費用対効果」と学校教育

高度消費社会が訪れ、国民の行動原理が変わったと言われる。大人も子どもも、いつでもどこでも「消費者」として行動するようになったとも言われる。結果、大人はクレームばかり言うようになり、子どもは勉強しなくなった。物事が「費用対効果」で計られるようになり、費やした金額に見合わないと感じられればクレームを言い、学歴や資格はできるだけ労力を費やさずに得られるほうが良いと感じられるようになった。

確かに一〇〇〇円出したのにそれに見合わない味と量の食事が出てきたり、それなりの金額を支払った商品がすぐに故障して、メンテナンスに時間と労力と金がかかるのではクレームもつけたくなる。最小限の努力で資格が得られ、その資格で同じような職に就けたり同じような収入を得られるのであれば、確かにそれにかける努力は少ないほうが良いのかもしれない。自由な時間、つまりは遊んだり趣味に興じたりする時間がより多く得られるのだから。

しかし、教育効果が消費の対象とされ、消費社会の行動原理で被教育者及びその保護者が行動するようになり、教育が高度消費社会の費用対効果の基準で評価されるようになって、学校教育が失ったものはとてつもなく大きいと言わざるを得ない。

二　「頭」と「躰」

かつて、教育心理学の学習理論は「行動主義」から「認知主義」へと大きく転換した。転換したというよりも、主流がシフトしたと言った方が適切かもしれない。経験することによって比較的長期的に行動が変容することと捉えられていた「学習」が、既成の認知構造に矛盾する新たな知識が獲得されることによって、認知構造がバージョンアップされていくことが「学習」と捉えられるようになった。

この転換が学校教育に与えた影響は大きい。ごくごく簡単に言うなら、この転換によって、「経験」が軽視されるようになった。ここで言う「経験」は学校生活のなかで日常的に存在する、些細で些末な経験のことである。例えば、毎日遅刻せずに学校に行く、毎日先生の話を黙って聞く、毎日分担して掃除をする、毎日好き嫌いをなくすよう努力する、そんな学校生活ではあたりまえとされてきた、ほんの些細な経験のことだ。

学校教育は近代化の流れにおいて、子どもたちに「産業的身体」を身につけさせるために生まれた。それまでおしゃべりしながら気ままに働いていた農作業中心の世の中から、定められた時間内に効率的に物を生産する世の中へと産業形態が移行し、それに対応できる身体習慣をつくるために学校教育が生まれたわけだ。近代化の初期、この国は工場で労働している人たちがおしゃべりしながら働いたり、時間意識をもたずに働いたりしたために生産性が著しく低かったと言う。それが学校教育が定着し、「遅刻は許されない」「時間割に基づいて行動すべし」という経験を重ねた子どもたちが労働者として定着するに及び、反対に工場の生産性が著しく高まったと言う。要するに、学校教育が労働時間は黙って集中して働くことが当然という意識を浸透させ、それに耐え得るような身体性をつくったわけである。

経験によってある程度長期的な行動を変容させるという「行動主義」の学習理論は、このように人間の「意識」だけでなく、「身体性」にまで、「学習」の適用範囲が想定されていたのだと言える。

しかし、「認知主義」が学習理論の主流になるとともに、「学習」は「身体性」の問題ではなく、「認知構造」の問題として捉えられるようになった。それまである意味強制的に

「行動」させられることによって、「まあ、そんなものかな……」と「身体性」を身につけていた子どもたちが、「認知構造」が変われば「行動」も変わるという順番で捉えられ、指導されるようになったわけだ。つまり、教育の対象が「躰重視」から「頭重視」に移行したのだと言える。これはある意味、教育の大転換である。

もちろん、私はこの転換を悪いことだと言うつもりはない。むしろ、これは必要な転換であり、この国の近代化が完成され、ポスト近代へと移行していくための時代に即した転換であったと考えている。

しかし、当の学校教育は、実はまだまだ「産業的身体」をつくるためのシステムを中心に運営されている。遅刻はいけない。時間を守れ。黙って聞け。私語は禁止。集中して取り組め。早く、効率的に仕上げろ。そうした思想に彩られたシステムが目白押しなのだ。つまり、「頭」で学習しろと言う割には、それを成立させるためにはかつての「産業的身体」が前提として必要とされる、そうしたズレが生じているわけである。

おそらく、昨今の学校教育において問題とされているさまざまな事象のほとんどが、このズレに起因しているように私には見える。もしも、「学習理論」において、「躰」を直接的な対象とせずに「頭」の問題として規定し、頭の中が変われば「行動」も変わり、それに従って「頭」で「躰」をコントロールするということへと転換させるならば、学校教育のシステムもそれに馴染むように本気でシステム転換しなければならなかったのだ。しかし、文教政策も学校教育の本質的な転換は求めず、教師の側も口ではああだこうだと言いながら、やはり学校システムに馴染むような「身体性」をもっている子どもたちを高く評価する状態が続いている。このズレが学校現場にさまざまな問題を生じさせている。古くは校内暴力から、不登校問題、いじめ問題、最近では発達障がいの子どもたちが問題傾向と認知され排除される問題に至るまで、この「頭」と「躰」のズレ、理論的な学習の捉えと学校システムのズレという構造問題と決して無縁ではない。

三　「消費者」と「生産者」

二十一世紀になって、「総合的な学習の時間」が創設されるに及び、「キャリア教育」の一環として職業体験活動が多くの学校のカリキュラムに位置づけられるようになった。

中には三日間から一週間の体験をさせる学校もあるけれど、多くの学校では一日の体験活動である。しかしこれが、中学校教師の私が知る限り、生徒たちにすこぶる人気がない。

いや、職業体験に向けてその職業を小グループで調べたり、インタビューする内容を考えたりといった段階ではそれなりに楽しみながら取り組んでいるように見える。しかし、職業体験当日の朝になって、けっこうな数の欠席者が出るのである。職員室では、その学年の教師たちが体験させてくれる施設に電話をし、多数の欠席連絡をしている。それが毎年の恒例になっている感がある。正直なところ、「総合的な学習の時間」の評価はそれほど高校入試に直結するような評価がなされるわけではない。その意味で、保護者も職業体験くらいなら休ませてもいいかな……程度の認識に立っている印象もある。要するに、欠席へのハードルが親子揃って低いわけだ。

私はこれも、子どもたちや保護者が想定している職業と、学校が職業体験の場として設定している職業とのズレが招いていると感じている。

いや、学校ばかりではない。「キャリア教育」が学校教育のある種の主軸として機能するようになって以来、多くの地方公共団体の行政機関が地域のさまざまな企業と連携して、児童生徒に職業体験の場を斡旋する動きが活発化している。しかし、これが地域の中小企業と連携していることが多く、家電用品店やスーパーマーケットといった地元の小売店、小中規模の飲食店、自動車整備工場や中古車販売業、保育施設や介護施設といったものになる。地元の花屋さんや菓子店、ホテルといった体験施設はそれなりに人気があるものの、その他になると「自動車が好き」「バイクが好き」「料理が好き」といったごく一部の子どもたちしか興味を抱かない。そうした施設が中心なのだ。

ちなみに「13歳のハローワーク」公式サイトによる人気職業ランキングのトップテンは「パティシエ」「プロスポーツ選手」「金融業」「ゲーム・クリエイター」「ファッション・デザイナー」「編集者」「臨床心理士」「保育士」「医師」「薬剤師」である。地元の菓子店とパティシエに若干の重なりがあり、地元の保育園体験と保育士が重なっている以外には、子どもたちの職業イメージと学校が体験施設として用意したそれとはほとんど重ならない。おそらくは、保護者が我が子に就かせたいと感じている職業とも重ならないのだろう。

そしてここには、無意識的に、子ども・保護者の職業イメージと学校が用意する職業イメージが異なるということ以上に、子どもたちがもつ職業観と学校教育のそれとの大きなズレがあるように思われるのだ。先に挙げた「13歳のハローワーク」の人気職業トップテンは、どれもが「産業的身体」を必要としないイメージをもつ職業である。もちろん、ほんとうはそんなことはなく、それどころか大人（普通の職業人）から見れば、時間と態度さえ守っていればそれなりに評価される「産業的身体」を必要とされる職業以上に、寝食を忘れて不断の努力をしなければ成功し得ない職業が並んでいる印象がある。

しかし、おそらく子どもたちのなかには「自分にはその不断の努力ができる」という意識がある。なぜかと言えば、それが「好きなこと」であるからだ。好きなことなら寝食を忘れて打ち込むことができる……それが現在の子どもたち（おそらくは若者たち）の職業観の前提なのである。とすれば、好きではないこと、しかも「産業的身体」を前提とするような職業ばかりの職業体験活動にそれほどの価値を抱けないという心象もわからないではない。

だが、問題の本質はそこにあるわけではない。誤解を怖れずに言えば、学校の職業体験くらい欠席したところで、人生にそれほどの影響があるわけではない。私がいま中学生でも、親が良いと言えば欠席するかもしれないとさえ思う。しかし、そうではなく、問題は、子どもたちの職業観が「自分の好きなこと」で「それなりの収入を得られる」という「消費者マインド」で形成されている点にこそあるのだ。職業に就くということは、「消費者」から「生産者」になることである。或いは「サービスの享受者」から「サービスの提供者」になることである。それは言うまでもなく、自分本位から相手本位に発想を転換しなければならないことを意味する。その「職業に就く」ということの本質的な発想転換の必要性を体験によって感受することが職業体験の目的であるというのに、そうした必要性を勘案することなく、自らの「消費者マインド」に合わないからと言ってそれを避けているのだとすれば、「職業体験の欠席」という本来なら小さな問題であるはずのものも、大きな問題として捉えざるを得なくなる。

四 「自分探し」の流行と「脱社会生徒」の登場

読者の皆さんは、九十年代に「自分探し」という概念が流行したことを覚えておいでだろうか。バブルの崩壊とともに空前の就職難が到来し、フリーターの増大、非正規社員の増大(労働者派遣法の施行は一九八六年)とともに、「どこかにほんとうの自分があるはずだ」「どこかにほんとうに自分に適した職業があるはずだ」という感覚をもちながら、キャリアを積み重ねるのではなく、「ほんとうの自分を探す」ことに重きを置きながら生きていく在り方を是とすることに寄与した流行概念である。必ずしも希望した職業ではなかったけれど、就職してその仕事に打ち込んでいるうちに生き甲斐を見出し、その職業を天職と感じるようになっていくというそれまでの一般的な在り方とは反対に、自らが納得する職業、自らに合致した職業でなければ就職する価値がない、人生を賭ける価値がないというある種の強迫観念にも似た感覚に支えられた流行概念であったとも言える。

同時期、学校教育では、「脱社会生徒」という概念が流行し始める。学校システムに反抗する「反社会生徒」でもなく、学校システムに馴染めない「非社会生徒」でもない。毎日学校には来るし、それなりに学校生活を楽しんでいるように見える。しかし、授業を普通に受けていることに耐えられない。清掃当番をしていても、すぐにおしゃべりに興じてしまい、叱られても悪気がないから始末に負えない。指導されるとそのときには神妙に従うものの、こたえていないし響いていない。そんな社会性から逸脱した生徒たちの登場である。現在《いま》となってはあまりに多すぎて、というより多かれ少なかれそうした気質をもつ子どもたちばかりになってしまって、さしたる珍しさもなくなってしまったけれど、当時は学校教育において驚きをもって迎えられたものである。

おそらく、「自分探し」の流行にしても「脱社会生徒」の登場にしても、「頭」の中を変えれば次第に「行動」が変わり、「身体性」も身につけていくのだという教育がもたらした帰結だったのではないか。私はそう主張したいわけだ。「自分探し」にしても「脱社会生徒」にしても、職業に就くことの大切さや当番活動を自分の役割として果たさなければならないことをわかっていないわけではない。ただ、躰が、心がついていかないのだ。自分を戒め、コントロールするという感覚に欠けるのだ。そしてこうした「頭」と「躰」のズレが、「産業的身体」を前提とするような学校生活や、「産業的身体」を前提とするような職業から逃避したり脱落したりさせているのではないか。それが「高度消費社会」の著しく発達した「消費者マインド」と相まって、学校教育を困難にし、就職活動を困難にし、更には就業し続けることさえをも困難にしているのではないか。そんなふうに感じるのである。

さて、こうした時代に、学校教育はどのようなシステム転換を図れるだろう。時間は不可逆である。「産業的身体」をつくるための行動主義的な「学習理論」の時代に帰るというわけにもいかない。そもそも、「産業的身体」の形成が前提とした「大量生産・大量消費」の時代は既に終わっていると言って良い。

学校教育は、ほんとうは二十年くらい前にシステム転換を、質的転換を図らねばならなかったのだろう。しかし、「遅きに失した」と嘆いていても始まらない。いまからでも、少しでも早く、質的転換は図られなければならないのだ。もうほんとうに間に合わないと、国民を挙げて嘆くようなことになってしまう、その前に。

第二講 行動主義と認知主義Ⅱ

「主体的・対話的で深い学び」に必要な教師の変化

一　産業的身体とＡＬ的身体

巷ではアクティブ・ラーニング（以下「ＡＬ」）が大流行である。

一人ひとりが主体的に学び、対話的に学び、それが深い学びへとつながっていく。多様な観点から検討することを旨とし、協同的に深い学びへと到達しようというのであるから、新たな「認知構造」を獲得するために開発されたような学習概念である。そのために葛藤を呼ぶような課題が設定されたり、世の中の価値観について考え議論することが求められたりと、時代の教育が大きく転換しようとしているようにも見える。少なくとも、黙って先生の話を聞いたり、私語は厳禁と聞く姿勢が求められたり、先生が板書したことをノートに写したりといった、「産業的身体」を前提として行われる一斉授業とは、かなり趣を異にすることは確かだろう。

しかし、実際に取り組んでみればわかることだが、ＡＬ型学習形態も常に「主体的・対話的で深い学び」が成立するわけではない。「深い学び」に到達するために長時間にわたって右往左往するだけの時間が流れるとか、自分の意見がなかなか級友に理解してもらえないとか、逆に級友の言っていることがなかなか腑に落ちずに自分は無能なのではないかと落ち込むとか、要するに「産みの苦しみ」とも言うべき葛藤段階があるものである。学生時代のゼミ討論とか、卒業論文の執筆なんかを考えてみるといい。試行錯誤の連続で、或いはこれを調べれば到達できるだろうと思われたのに期待が外れ、徒労感に苛まれるといった段階を幾度となく経て、やっと自ら納得のいく結論に到達できたという経験をしてきたはずである。あの経験は間違いなく、ある種のALであったはずなのだ。

では、子どもたちは、その「産みの苦しみ」の時間に耐えられるのだろうか。協同だから、みんなでやるのだから、助け合いが生まれてその時間にだれもが耐えられるはずだと考えるのは少々安易ではないかと思う。ALは確かに「黙って聞く」とか「時間通りに動く」とか「計画的に動く」とかいった「産業的身体」的な要素は少ないかもしれない。しかし、そのことが同時に、子どもたちのだれもがALに意義を見出し、ALに夢中になれることを意味するわけではない。そこにもやはり、「経験による比較的長期的な行動の変容」、即ち「行動主義」的な学習要素が大きく必要とされるのである。要するに、「それでも学ぼうとする」「それでも話し合おうとする」「それでも追究しようとする」という、謂わば「AL的身体性」のようなものがなければ、ALにおける「産みの苦しみ」の段階に耐えてまで学び続けられないのである。「高度消費社会」が骨の髄まで浸透した世代であれば尚更である。

二　言葉による「洗脳」と経験による「慣れ」

二〇〇〇年代の半ば以降、全国的に「協同学習」や「ファシリテーション」が急速に普及していった。かくいう私もファシリテーション型授業の推進者として、全国で提案し続けた経緯をもつ。しかし、当時、私はセミナーや研修講座においては手応えを感じ、参加者がファシリテーション型授業を導入してくれるという確信を得るものの、その後、メールその他でいただく「やってはみたけれど、どうしても一部の子どもたちが遊んでしまう」「取り組んではみたものの、どうも自分の学級には合わないようだ」との声に悩まされることになる。彼らは一度か二度、ファシリテーション型授業に取り組んでみるものの、その授業形態に乗ってこなかった子どもが散見されたり、特別な支援を要する子への対策として導入してみたのにその子に機能しなかったという感想を抱くに及び、ファシリテーション型授業を継続していくことに臆したのであった。また、私の示した課題を追試してはみたものの、その後に自力でファシリテーション型授業を開発することができず、長続きしなかったという側面もあった。

ファシリテーションであろうとワークショップであろうと協同学習であろうとAL型授業であろうと、いきなり子どもたちに目の覚めるような機能を示す、神業のごとき教育手法であるわけではない。しかし、一斉授業に比べ、教師が本気で続ければ続けるほど、少しずつではあるけれど、確実に支援を要する子にもやんちゃな子にも機能するようになると確信すべき手法ではある。次第に自閉傾向の子さえ、周りの支援によってその対話的機能を体験することができるようになっていく。しかし、そのためには続けなければならない。継続だけがその機能性を確かなものに近づけていくのである。子どもたちも「消費者」として学習に取り組んでいるが、実はそれ以上に問題なのは、教師が「消費者」として授業をしている、つまりは目の覚めるような効果的な手法があるものだという感覚で、学びの場に身を置いていることなのである。私は当時、大きくこのことを意識させられた。

その頃、ファシリテーション型授業の推進者が提案し始めたのが、「価値のインストラクション」であった。要するに、その学びがどのように役に立ち、どのように自分たちの人生にとって有益であるのか、つまりどのように自分たちにとって必要であるのかを、教師が冒頭のインストラクションにおいて強く、且つ熱く語るということだと捉えていただければ、当たらずとも遠からずと言えると思う。

私にはこれが「洗脳」に見えた。ごくごく簡単に言えば、「価値のインストラクション」とは、教師が授業の冒頭で子どもたちにファシリテーション型授業の必要性を説き、ファシリテーション型授業に主体的に参加させようという試みである。つまりは、子どもたちの「頭」に働きかけて、「行動」を変容させようとする営みである。しかし、私から見ると、子どもたちに必要なのは、何よりファシリテーション型授業の「体験」であって、まずは「慣れること」こそが必要なのであった。つまり、先の言葉で言えば、「ＡＬ的身体性」をつくることである。まずは対話的授業が好きになること、喧々諤々やっているうちにブレイクスルーが起こったという体験を少しずつ重ねること、それなくしていくら教師がその価値を語ったとしても子どもたちには腑に落ちない、そういう確信があった。

私の言いたいことがおわかりだろうか。ＡＬ型授業は確かに対話的な学習形態によって課題に対して多様な観点から検討することになる。その意味で、新たな認知構造を獲得しやすい手法ではある。しかし、それはあくまでも授業内容における話し合い、対話の中身についてであって、授業形態としての小グループによる話し合い、交流、議論の活動形態については「慣れ」が必要なのである。つまり、「経験による比較的長期的な行動の変容」が必要不可欠なわけだ。

私は、この「認知主義」的な学習理論に基づく授業内容の機能と、「行動主義」的な学習理論に基づく授業形態の機能とがスパイラルに子どもたちの学びを高めていくということが、AL推進論者たちにさえ、いまだによく理解されていないのではないかと感じている。おそらくはこのことを理解しない限り、AL型授業は機能しない。

三　一斉授業とAL型授業

学校教育は長く、子どもたちに一斉授業を受けることを強要してきた。それは、先生の話を黙って聞き、先生が重要だと言ったことはメモし、先生が求めていることを意見として言ったり、先生ができるようになれと言ったことを何度か反復してできるようになったりすることが求められた。しかも、授業時間内にわかったりできるようになったりしなかった子は、家で復習してわかりできるようにならなければならないと脅されてきた。しかもそれは、小中高と十二年もの長きにわたって毎日毎日続いてきた。

ところが十二年もそういう場に身を置き続けていると、それが当然になってくる。一時は校内暴力が流行したり、不登校やいじめが社会問題化したりといったことはあったけれど、大多数の子どもたちはそれに馴染み、少なくともそれを我慢しながら学校教育を通過していく術を学んでいた。だから、大学に行って卒業論文を書く段階になって急に自分の課題を見つけろと言われたり、就職して急に自分で仕事を見つけなければいけないなどと言われて困惑するような若者たちができあがっていった。それでも、大学でも企業でもそういう場は卒論と特殊な開発系プロジェクトや特殊な営業くらいで、その他の多くは受け身でやっていれば良かった。つまり、先生の話を熱心に聞いたり、言われたことさえ粛々とこなしていればなんとかなるというものがそのほとんどだったのである。だから、卒業論文の執筆や特殊な開発業務というのはあくまでも特別なことだと考えて過ごすことができた。それで困らなかった。

いま、学校教育は主体的になれ、対話を重ねよ、それを通じて深く学べというように変化しつつある。それも入試改革を伴い、工程表までつくられ、行政の本気度も伝わってくる。一部の教師は「それこそがこれからの教育だ」「それこそが二十一世紀の教育だ」とその開発に熱心に取り組んでいる。基本的に良いことだと私も思う。

しかし、これもまた、ＡＬ型授業に参加することへの強要、強制であるという視点は忘れてはならないと思う。一斉授業が多動系の子どもたちや理解に時間のかかる子どもたちを犠牲にしてきたように、ＡＬ型授業だってもしかしたら自閉系の子どもたちや一人で黙考したり読書したりしながら学びたい子どもたちを犠牲にするかもしれないのだ。単純に「絶対善」として捉えるわけにはいかない。職員室で今日中に終わらせなければならない仕事に集中したいのに、世間話をしかけてくる迷惑な同僚のように、いま仕事に集中したり趣味に興じたりしたいのに、何度もメールの着信音が鳴るスマホのように、ＡＬ型授業は子どもたち一人ひとりの特性には合わないかもしれないし、同じ子であっても時と場合に応じて、対話よりも、むしろ黙考・熟考を優先したいということがあり得るのだ。

さて、これを、かつて一斉授業が「黙って聞け」「集中して取り組め」と強要し、子どもたちに長期的な「行動」の変容をもたらしたように、ＡＬ型授業も「集中して取り組め」「とにかく対話しろ」「他人の意見は肯定的に受け止めろ」「ＡＬは素晴らしいのだ」と言い続けて、子どもたちに長期的な「行動」の変容を迫るだけで良いのだろうか。

四　いつか来た道の回避と新しい道への努力

　最近の教育書や教育雑誌を読んでいると、ＡＬ型授業の実践報告が目白押しである。しかし、それらの多くは、課題を設定し、子どもたちに話し合わせ、子どもたちが新たな課題を発見し、最後にはリフレクションで自分たちの対話活動を振り返り、そこで更に新たな発見をし……というものばかりである。もちろん、こうした実践報告の在り方は時宜を得ているし、私も否定しない。これからの時代に求められる、これからの時代に必要な実践の在り方だと私も心から思う。

　しかし、かつて、教育書や教育雑誌の実践報告の多くを一斉授業が占めていた頃には、その多くに、執筆者の中にその授業に乗り切れない子、その授業に合わないタイプの子に対する配慮の記述に一節が割かれていたものだ。一斉授業を推進する教師たちだって、心ある教師はなんとか子どもたちに主体性を発揮させられないか、自ら学ぶ子に育てられないかと考えながら実践していたのである。ただ、授業のフォーマットが世の中に一斉授業しかなかったから、その枠組みで語っていただけだ。決して完全な教師主導、教師が主役、教師の説明したことを子どもたちがノートするだけの講義形式ばかりが横行していたわけではないのである。

もしも新しい実践枠組みとして華々しく取り上げられているＡＬ型授業が、対話形態を「絶対善」として、ただ「対話」的な活動を繰り返すことによって、子どもたちに長期的な「行動」の変容を強いるだけの授業形態に堕しているのだとしたら、実はその構造は完璧な教師主導の一斉授業や教師が主役の一斉授業や教師の説明したことを子どもたちがただ黙々とノートする講義型授業と同じなのである。多動系の子に黙っていることを強いて窮屈な思いをさせ、寡黙な子には聞き手としてみんなを隠れ蓑にして安心させることができた一斉授業から、多動系の子こそ救っているものの、寡黙な子たちにはこれまでにない劣等感を抱かせる授業へと、窮屈な思いをする子どもたちを移行させるだけという可能性さえある。

ＡＬ型授業を推進する教師たちは、ただ「時代の教育の在り方」だとお祭り騒ぎに興じるのではなく、もう少し誠実に自らの授業を検討し、もう少し細かく自らの授業を分析すべきだと思う。ＡＬ型授業に参加しにくい子たちに焦点を当てた実践報告や、ＡＬ型授業とスパイラルに展開していくべきミニレッスン的な一斉授業の在り方の提案や、大枠をＡ

Ｌ型授業としながらも要所要所で特別な支援を要する子に配慮する仕方に特化した授業論など、そうしたものが多様に提出されてこそ、初めてＡＬ型授業を中心とした「新時代」が幕を開けたと言えるのではないか。

「行動主義」と「認知主義」に引きつけて言うなら、ＡＬ型授業において新たな認知構造を獲得するとはどういった思考回路で成立するのか、その思考回路にはどのような種類があるのか、それらを成立させるためにはどのような方略があり得るのか、そして、それらを機能させるために最低限子どもたちに強要しなくてはならないことは何と何なのか、こうした議論を重ね、こうした実践を集め、検討する営みを続けていかなければならない。言うまでもなく、それは膨大な作業である。

教育書や教育雑誌を賑わせているＡＬ型実践報告の多くは、かつて自意識過剰の授業者たちによって「子どもたちの目が輝いていた」とか「子どもたちは活発に議論した」とか「子どもたちは涙を流しながら音読していた」などという言葉で飾り付けられた一斉授業の実践報告と同質の弊害をもっているように私には見える。

いつか来た道。

再びあの失敗を繰り返してはならない。

第三講　行動主義と認知主義Ⅲ

「主体的・対話的で深い学び」の可能性

一　〈説明課題〉とAL型授業

最近、流行の課題に「～を説明することができる」というもの（以下〈説明課題〉と呼ぶ）がある。『学び合い』運動が流行させた課題の形態である。いわゆる教科書学力、つまり学ぶべきことがはっきりしている指導事項については非常に有効な課題であり、基礎的な指導事項についてＡＬ型授業で扱うのにも適している。『学び合い』運動の大きな功績の一つだと感じている。本講では、この〈説明課題〉を取り上げながら、ＡＬ型授業で繰り返し経験させることによって、子どもたちに「長期的な行動の変容」を促すべき指導事項について考えてみよう。「ＡＬ的身体性」とはどのようなレベルのことを言うのかについて、私なりの見解を示してみようというわけである。

例えば、国語科の物語の授業において、次のような課題があったとしよう。

Ａ　主人公はなぜ、～してしまったのか。説明しなさい。

「兵十はなぜ、ごんを撃ってしまったのか」を説明せよという課題を想定してもいいし、「大造じいさんはなぜ、せっかくつかまえた残雪を逃がしたのか」を説明せよという課題を想定してもいい。中学校なら、「メロスはなぜ、激怒したのか」でもいい。いずれにしても、本文から論拠を見つけ、それを的確に説明せよと言われているわけだ。

こうした課題に正対し、的確に説明するには、本文からその課題に関係する論拠となる出来事、描写をすべてリストアップしなければならない。論拠となる描写が五つあるなら五つ、八つあるなら八つをすべてリストアップするわけだ。どれが欠けてもいけない。それらすべてをリストアップし、検討したうえで施した説明こそが、「的確な説明」なのである。その意味で一般的には、一人で読み取ろうとするよりも、複数の人間で読み合い、検討し合ったほうがより「的確な説明」に近づいていくことになる。ここにＡＬ型授業を構想する意義が浮上してくる。

しかし、実はこれだけでは、ＡＬ型授業を仕組む意義は半減してしまうのだ。

例えば、「兵十」が「ごん」を撃ってしまった論拠となる描写が五カ所あるとしよう。本文から抜き出すと描写Ａが三十五字、描写Ｂが二十五字、描写Ｃが十五字、描写Ｄが四十五字、描写Ｅが三十字だったとしよう。この五つの描写をすべて足すと百五十字だ。すると、説明としては二百字程度で、「兵十がごんを撃ってしまった理由は五つある。次の五つだ。第一に〜」などとやれば、一応「的確な説明」ということになる。しかし、これでは、授業におけるAL的要素は「ともに協力して論拠描写五つを一緒に見つけることができた」ということにしかならない。それは実は、ペーパーテストの「兵十がごんを撃ってしまった理由を本文中から五カ所書き抜きなさい」という問題に協同で取り組んだというこことと機能的には同じなのである。これではAL型授業としてはレベルが低い。

さて、どうするか。

◇二 〈説明課題〉と字数指定◇

それは〈説明課題〉を最初から次のようにすれば良いのだ。

B 主人公はなぜ、〜してしまったのか。五十字以内で説明しなさい。

課題Aとの違いは一目瞭然。字数指定があるかないかである。しかし、実は、この課題

の字数指定が他ならぬ「五十字」であるところがミソなのだ。

字数指定は国語科のテスト問題でよく施される。読者の皆さんも学生時代に何度もこの手の問題を解かされたはずである。一般に、国語科で施される字数指定は、教師がその問いに関して実際に模範解答を作り、その問いに対する答えとして過不足ない字数を算出し、その字数が指定される。そのほとんどは、その答えとなる部分を教科書から抜き出し、文末に「から」とか「こと」をつけるといったほんのちょっとの加工で事足りる。そして子どもたちはその答えのつくり方に慣らされる。これまでの一斉授業においても、中学生なら学力的に低位の学校でも六割、上位校なら八割から九割の生徒たちに定着する。定着しない生徒たちは、この「抜き出して文末を加工する」という言語操作ができないというよりも、問いの意味自体を理解し損ねるというタイプの生徒たちである。その子たちの多くは、問いの読み方を指導することでハードルを越えさせることができる。それを繰り返し指導すれば、そうした子どもたちにも定着していく。多くの国語教師がこれに苦労しているようだが、実はコツをつかんでしまえば成果を上げるのにさほど難しい指導ではない。

そして、国語科のペーパーテストというものは、小学校高学年から高校に至るまでこの手の問いを絶えず出題し続けることによって、国語科独自の解法、もっと口悪く言えば世の中で国語科でしか使えない解法として身につけさせていくわけだ。そして、大人になって、自分の生活に国語科の授業がなくなるとその解法を忘れていく。まさに、学生時代にだけ定着させられる「経験による比較的長期的な行動の変容」である（笑）。

しかし、課題Bの字数指定は、この国語科問題の字数指定とはまったく意味が異なる。先の「ごんぎつね」の例で言えば、国語科のテスト問題としての字数指定の適正規模は百八十字から二百字である。そうすれば、論拠描写のAからEまでのすべてを入れた、国語科テストとしては完璧な解答ができあがる。ところが、課題Bの指定字数は「五十字」なのである。教科書の描写をそのまま使おうとすればまったく足りない。国語科のテスト問題に慣らされた成績上位の生徒たちであれば、「うん？この五つのなかに最も大切な論拠が一つあるのだな……。そしてそれは四十～五十字くらいの叙述なのだな」とでも考えそうなところだ。

だが、違うのだ。課題Bは「五つの論拠描写をリストアップしたうえで、それらを高い次元の言葉でまとめ、五十字で説明し切ってみよ」と要求しているのである。

すると、子どもたちのなかに何が起こるか。

三 〈説明課題〉と学びの浅さ

課題Aと課題Bの違いは、言うまでもなく、「五十字」という字数指定があるかないかである。主人公が某《なにがし》かのことをしてしまう理由にはさまざまなことが考えられる。これもある、あれもあると、子どもたちはさまざまな見解をもって交流するわけだが、そこで出た要素をすべて書いてだらだらと説明したのでは、実は交流で出た要素を羅列しているだけで、国語科に閉じられた学力しか形成されない。そこで、字数指定という条件を設けて、交流のなかでリストアップされたさまざまな要素を関係づけたり、それぞれに優先順位をつけたり、より高次のレベルの言葉でまとめたりといった作業を求める。それがこうした字数指定の条件、言い換えるなら説明の「規模」を規定する条件なのである。

ＡＬ型授業は、文科省の言うところの「主体的・対話的で深い学び」を成立させることが目標とされる。しかし、一般に〈説明課題〉に字数指定を施すと、子どもたちはその字数指定程度で答えられるのが先生の求めている答えなのだと考える。或いは、字数指定があるんだからなんとかその紙幅を埋めればいいんでしょということにもなりがちだ。小学校一年生からそういう思考に慣らされてきた子どもたちがそう考えるのは、ある意味では学校教育の成果とも言えるかもしれない。

その結果、子どもたちは「先生の求める答えは何だろう」という無意識の枠組みで五十字程度になるような要素を探すことになる。それは他者（＝教師）の枠組みを想像しながらも、一応の思考はしているわけだから、ある意味では「主体的」と言えるかもしれない。しかし、決して子どもたちが「主体」として活性化し機能しているとは言い難いだろう。また、そうした枠組みに囚われている子どもたちが、「これかなあ」「でも、こういう要素もあるよ」「そういや、これもあるね」「これは五十字には長すぎるよね」などと交流したとしよう。これは確かに子どもたちが交流しているから「対話的」とは言えるかもしれない。しかしこれもまた、「対話的」とは言えても、「対話」が成立しているとは言い難いのではないだろうか。ましてや、こうした説明文づくりの在り方、こうした学びの在り方を「深い学び」と呼ぶことには多くの教師が抵抗を抱くはずである。

しかし、多くのＡＬ実践がこのようなレベルの「主体的」、この程度のレベルの「対話的」に堕している現状がある。こうした授業は「深い学び」とはとても言えない、教師に対する様子伺い的な、一斉授業の亡霊のまとわりついたＡＬ型授業に過ぎない。

ＡＬ型授業はこうした思考形態、これまでの一斉授業で「行動主義」的に形作られてきた思考の枠組みを打破したいわけである。

四 〈ブレイン・ストーミング〉と〈ＫＪ法〉

私は「主体的・対話的で深い学び」が成立するためには、少なくとも次のような過程が必要になると考えている。

(1) ブレインストーミング的に課題解決の要素をリストアップすること
(2) ＫＪ法的に課題解決のそれぞれの要素を関連づけたり優先順位をつけたり高次の次元でまとめたりすること

〈説明課題〉に取り組む場合にまず大切なのは、最終的に「説明されるべきこと」の要素となる可能性のある事柄について、思いついたことのすべてがリストアップされることである。例えば、先の国語科の主人公の行動に関する議論ならば、四人なら四人のグループでまずは各自が自分の説明を提示する。それぞれが完成させた説明を提示し合うだけでなく、個々人が説明するうえで取り入れなかった要素、捨てた要素まで議論の俎上に載せる。そういう意味である。「僕は〜と説明するのが良いと思う」だけで終わらずに、「どうしてそういう説明になったの?」とか「その説明にするのに入れようかどうしようか迷って、結局入れなかったものってある?」といった交流が行われる。そして「ああ、それ、私も思った」とか「それ、〜という理由で僕も捨てたんだよね」といった交流を行いながら、四人のこれまでの思考がすべてリストアップされる。こうした営みがまずは必要なのである。『学び合い』がだれと交流しても良いという自由度を大切にしたり、ジグソー学習やワールドカフェがメンバーを入れ替えながら進めていくのも、交流し議論するうえでまずはこのような情報の拡散、要素のリストアップが何よりも大切なことを提唱者が熟知しているからなのだ。

想定されるすべての要素がリストアップされれば、それぞれの要素が関連づけられたり優先順位が検討されたり高次の言葉でまとめられたりという営みは、実は必然的に行われるようになる。「これとこれ、似てるよね」「これよりはこっちの方が大事じゃないかなあ」「これとこれは言い換えればこういうことじゃない?」といった思考は、放っておいても子どもたちにわき起こるのだ。ＫＪ法的な思考というのは実はそれほど難しいものではない。リストアップされた要素をどう関連づけたりまとめたりするか、そこだけを取り上げようとするからかえって難しくなるのである。それ以前のリストアップの段階に時間をかければ、実はリストアップ時点で子どもたちはさまざまなことを既に考えているから、そのときに言葉にはできなかったけれど実は考えたり迷ったりしていたということが繋がり始め、情報の精査の時点では交流や議論が加速するものなのだ。これはどれだけ強調しても強調しすぎるということがないくらい大切なことなのだが、時間と労力をかけるべきは、ブレインストーミング的なリストアップの段階なのである。

ここまで来れば、読者の皆さんにも説明するうえでの「規模を規定する条件」の機能も見えてくるだろう。子どもたちは自分が考えたり発見したりしたことはすべて言いたい、表現したいと思うものである。いや、子どもたちだけではない。私たち教師だって、つまりは大人だって、思考過程や発見過程は語りたくて仕方ないものだ。しかし、それをすべて言って満足するというところに「深い学び」はないのだ。「深い学び」は自分の思考や発見を更に精査し、取捨選択して、より重要なもの、より高次なものはどれかと「絞り込む思考」にこそ生まれるのである。そしてそうした「絞り込む思考」こそが子どもたちの

「主体性」を発揮させ、子どもたちの「対話」を促進させるのである。説明の「規模を規定する条件」というものは、このように機能するように付与しなければならない。それこそがＡＬ型授業における課題づくりの成否、授業づくりの成否の勘所なのだと私は考えている。

五　〈認知構造〉と〈ＡＬ的身体性〉

私はＡＬ型授業において、「経験による比較的長期的な行動の変容」を求めるのなら、このレベルの思考枠組みであると考えている。要するに、「対話のストラテジー」である。ブレイン・ストーミング的に構成メンバー全員が考えたすべての要素をリストアップする。それも、各メンバーが取り上げなかった要素、捨てた要素まで洗い出す。リストアップされたそれらすべての要素を検討材料として、ＫＪ法的に関連づけたり、優先順位をつけたり、更に高い次元の言葉でまとめたりする。この思考過程、対話過程を身につけることが無駄になるということは、おそらく生涯にわたってあり得ないだろう。「常に対話的に問題解決を図ることが大切だ」「みんなで協力しながら議論することが大切だ」といった活動レベルのことではなく、こうした思考過程の在り方レベル、対話過程の在り方レベルを繰り返し経験させて定着させる。それこそが「ＡＬ的身体性」を獲得させるということなのだと考えているわけだ。

子どもたちは「ごん」を撃ち殺してしまった「兵十」の姿に、思い込みによる取り返しのつかない悲劇が起こり得ることを新たな認知構造として獲得するかもしれない。「残雪」を解き放った「大造じいさん」の姿に、自分よりも下位の者に対する畏敬があり得るのだということを学ぶかもしれない。しかし、そうした「認知主義」的な学習と同時に、子どもたちが生涯にわたって思考の枠組みとして使い続けられるような「対話のストラテジー」を繰り返し経験させる。そうして、子どもたちに無意識のうちに「行動」を変容させるような「行動主義」的な学習をも付与する。私はこうした営みに、ＡＬ型授業の大きな可能性があるのだと信じて疑わない。

第四講 動機付けⅠ

驚きと矛盾がやる気を生む

一　「学習意欲の自発性」と「学習意欲の持続性」

「学習意欲」というと、だれもが「初発の動機付け」をイメージする。理科の授業でドラム缶がぼこぼこに変形したり、液体窒素で凍ったテニスボールを床に落とすと粉々に砕けたり……。算数の授業で現実的な場面が設定されてクイズのように出題されたり、先生が一見難しそうな問題を瞬時に解いてしまったのを見て、子どもたちが「えっ？なんでそんなことができるの？」という表情をしたり……。いずれにせよ、「初発の動機付け」は子どもたちにとって、授業に意欲的に取り組むための原動力となる。したがって、教師は「初発の動機付け」に腐心し、なんとか授業の冒頭で子どもたちの心を鷲づかみにできないかと思案する。

しかし、皆さんはこんな経験をしたことがないだろうか。

「初発の動機付け」は成功した。子どもたちも目を輝かせていた。しめた！と思った。しかし、最初は輝いていた子どもたちの目も、授業が進むにつれてなんとなく曇ってくる。次第に集中力のない、落ち着きのない子から脱落し始める。いよいよ、授業の山場という頃には、その指導事項の難しさに教室の四割が脱落している。教師はあんなに一所懸命に考えた指導案なのに……とがっかりする。やっぱりうちの学級の子どもたちには集中力が足りないのだ。隣の学級はそんなことないのに……。それとも、自分の指導がダメなのだろうか……。自分に力量がないからなのだろうか……。

ダメと言えばダメと言えるし、力量がないと言えば力量がないとも言えるのかもしれない。要するに、「学習意欲」を「初発の動機付け」のみで捉えているからこういうことが起こるのだ。

実は、「学習意欲」というものは二つの観点から考えなくてはならない。

一つは言うまでもなく「初発の動機付け」だ。つまり、これまで述べてきたような授業冒頭での「学習意欲の自発性」である。しかし、授業は時間が長い。いくら授業の冒頭で激しく意欲が喚起されたからと言って、子どもたちが四十五〜五十分もの間、その喚起された学習意欲を維持して目を輝かせ続けると考えるのはナンセンスである。そんなことは大人にだって無理である。そもそも、あなたにも無理なのではないだろうか？（笑）最初はおもしろそうだと思った講演が、途中から眠くなって来たという経験があなたにも何度もあるはずだ。

そう。「学習意欲」のもう一つは、喚起された「学習意欲の持続性」なのである。教師は「初発の動機付け」だけに腐心するのではなく、その喚起された意欲をどのように持続させるか、つまり、喚起された意欲に「適度な刺激」を与え続けるということを同時に考えておかなければならないのである。子どもたちの集中力を途切れさせない授業には、実はこの「適度な刺激」が準備されているのだ。

◇二　「学習意欲の持続性」と適度な刺激◇

若い頃、野口芳宏氏の模擬授業をこれでもかというくらい体験した。少なく見積もっても百回以上。氏が千葉県の公立小学校を退職した後、北海道教育大学に勤めていた五年間のことである。一九九六～二〇〇〇年度の五年間であり、私にとっては三十歳から三十四歳の五年間だった。

野口氏の授業に派手さはない。話術こそ落語的な巧みさでおもしろいけれど、その構造は単線的な一斉授業に過ぎない。しかし、氏の模擬授業は体験してみると、次第に引き込まれてしまうのだ。いつの間にか真剣に考えている自分に気づかされる。いつの間にか他人の話を聞き漏らさないようにと耳を傾けている自分がいる。単線的で派手さはないのに、何故か引き込まれてしまっている自分がいる。それを否定できない。しかもその所以がわからない。これが話術だけが理由ならば、プロの落語や漫才に敵わないはずである。そうではなく、氏の授業には受けている側がいつの間にか自分事として、当事者意識をもって思考しようとしてしまう、そうした機能があった。この機能の所以を知りたい。分析しよう。それが氏の授業を初めて受けたときに私が抱いた感想であった。

野口氏の授業にこれと言った初発の動機付けはない。ただ文章を読まされ、発問され、強制的にその発問に答えさせられる。そこから始まる。ただし、普通の授業と異なるのは、その発問に音声で答えさせられるのではないということである。必ず、自分なりの答えをノートに書くことを求められるのだ。誰とも相談することなく、とにかく自分の頭だけで考えて書くことを強要されるのである。氏の授業のまず第一の特徴がここにある。

人間はそれほど根詰めて考えたものでなくとも、ひとたび自分の考え、意見として確定し、表明してしまうと、「それを守りたい」という得も言われぬ衝動に駆られるものだ。これは間違いない、これが正しいという過信が起こるのだ。無意識のうちに、静かな当事者意識が起動すると言い換えてもいい。氏の授業はまずこれを狙う。そしてこれを前提にその後の授業が展開していくことになる。

最近は野口芳宏の名を知らない若手教師も多いようなので、もう少し詳しく書こう。氏が最初に意見表明させるときには、「○か×か」「賛成か反対か」「+か−か0か」といった単純な選択肢を与えて判断させる場合が多い。ノートに書かせると言っても、ただ「○」と書いたり「×」と書いたりするだけのことが多いのだ。しかし、これだけでも実は当事者意識をもたせるのには十分なのである。隣の人にノートを覗かれればそこには「○」か「×」かが書いてある。もう消しゴムで消して書き直すのは恥ずかしい。そういう立場に追い込まれているわけだ。しかも成績下位の子どもでも「○×」なら書ける。更には「まだ書いてない人は?」と挙手させられ、手を挙げようものなら「早く書け!」と追い込まれる。全員が「○×」どちらかを書くまでは絶対に次に進まない。こういう展開である。

また、同じ「○」を書いた者同士でも、言うまでもなく、その「○」の理由にはさまざまな理由があり、さまざまなレベルがある。実はたったこれだけのやりとりで、野口氏は「○対×」の対立をつくり、「○」同士、「×」同士の理由の違いの検討をもし得る、そういう場を作り上げているわけだ。

続いて野口氏は、「×」をつけた一人を指名してその理由を答えさせる。その人が答えた時点で、「なるほどねえ～」とうなずき、たっぷりと間を置く。「ところでねえ、あなたは×と判断したわけだが、ここにこれだけの人がいるわけだけれども、他の人たちは○をつけた人と×をつけた人、どっちが多いと思う?」と追い込む。訊かれた当事者としては、自分が「×」を正しいと思ってつけているわけだから、当然、「×が多いと思います」と応える。このとき、そのやりとりを聞いている全員が「自分と同じだ」「自分と反対だ」「自分だったらどう応えるだろう」と、指名されている人と同じような思考をすることになる。いつの間にか当事者意識をもち、いつの間にか授業に引き込まれてしまうわけだ。

そんなとき、野口氏がたっぷり間を置いて、笑顔で言う。

「み～んな自分は正しい、って思ってんだよね」

会場に笑いが起こる。

「さあ、それじゃあ確かめてみましょう」

ここで初めて、氏は参加者全員の「○×」の分布を確かめる。参加者は「さあ、どちらが多いのか」と挙手の動向に注目せざるを得ない。

野口氏の授業はこんなふうに展開していく。

おわかりだろうか。〝野口芳宏の授業〟は、いわゆる「初発の動機付け」に本質があるのではない。むしろそこは学習者をさっさと追い込んで判断させることだけで流してしまう。そこにではなく、授業展開のなかに「適度な刺激」を次々に持ち込むことによって、次第に「学習意欲」を喚起していくことにこそ本質があるのだ。前節で提示した枠組みで言うなら、氏の授業は「学習意欲の自発性」に重きを置くのでなく、「学習意欲の持続性」に重きを置くことによって機能させていると言って良いだろう。

三　驚嘆と当惑と矛盾

波多野誼余夫・稲垣佳世子に『知的好奇心』（中公新書・一九七三）という、教師にとって必読書と言える名著がある。

この書によれば、「知的好奇心」の喚起の方法は三つだ。

①驚嘆を与える
②当惑を与える
③矛盾を与える

「驚嘆を与える」とは、これまでの常識に反した事象を提示するということである。人間は常識に反したことを見せられると、それがなぜ起こるのかを知りたくなる。驚きは「なぜ？」という意欲となって、その原理の追究へと向かっていく。

「当惑を与える」とは、多くは選択肢の形を採る。どれももっともらしい三つ程度の選択肢を与えられ、正しい答えは一つであると告げられれば、やはり人間は答えはどれなのかと知りたくなる。

「矛盾を与える」とは、子どもの信念をそのまま押し進めさせ、あれこれと例題を出しているうちにその矛盾に気づかせるというものだ。例えば、子どもがコップに入れた水の表面とコップの底とが平行だと考えていたとしよう。そこで、少し斜めにしたコップを図に描かせてみる。すると、子どもはやはり水面と底を平行に描く。次第にコップの傾きを大きくして描かせていくと、日常的に経験しているコップから水がこぼれるという現象との間に矛盾を来す。ここで初めて、「あれ？なんか変だ……」という追究が生まれることになる。「矛盾を与える」とは、こうしたタイプの「知的好奇心」の喚起を意味する。

これを、例えば、説明的文章の学習を例に考えてみよう。

まず、説明的文章の題材となっている「謎」について、具体物を用いて実演して見せる。

そうやって子どもたちを驚かせておいてから、「じゃあ、この説明文にはなぜこうなるのかの答えが書いてあるからね」と言って範読すれば、子どもたちの集中力は見違えるようになるだろう。これが国語科において「驚嘆を与える」ための最も顕著な例になる。

また、実際にその文章を読み進めていく段階では、「なぜ、そのように言えるのか」という内容的な読み取りにしても、「なぜ、筆者はこのような書き方をしたのか」という形式（表現）的な読み取りにしても、もっともらしい三つの選択肢を与えて仮説を立てさせたうえで授業を展開すれば、子どもたちの読解は主体的になっていく。教師が子どもたちに「当惑を与え」ているからだ。

更に、ある程度、読み進めたうえで、「ちょっと待てよ。一般的にこうした方がいいと思われているのに、どうして筆者はこんなことをしたんだろう」と、再び教材本文を読み込ませるというタイプの意欲喚起が「矛盾を与える」ことになるだろう。一般的に「ゆさぶり」と呼ばれている手法である。

四　教材軸と学習者軸

　ごくごく簡単に言えば、野口氏の授業は「当惑」を与えることに始まり、その「当惑」を発展させ、「当惑」を与え続けることによって機能させる、そうした構造をもっている。

　次頁の図で説明しよう。x軸を「教材軸」、y軸を「学習者軸」としたマトリクスである。「教材軸」は発問に対して教材をどう読んだかを示すので、右側に「○」を、左側に「×」を置く。「学習者軸」は下に行けば行くほど解釈の度合いが浅く、上に行けば行くほど解釈の度合いが深いことを意味している。野口氏の発問は、そのほぼすべてが「教材軸」を左右に対立させることによって成立している。「○か×か」と問うことによって、学習者は当初「教材軸」の対立の「当惑」に誘われる（対立a）。

　次に、発問に対して「×」と判断した一名を指名してその理由を問い、「○×どちらが多いか」と問うて、全体に当事者意識をもたせようと試みる（b）。「○×」の分布を確認したあとには、必ず「○」派の人が一人指名される（c）。ここで、学習者は両者の意見を聞きながら、「教材軸」の対立を学習者の発言レベルの対立へと意識を移行させること

【図】

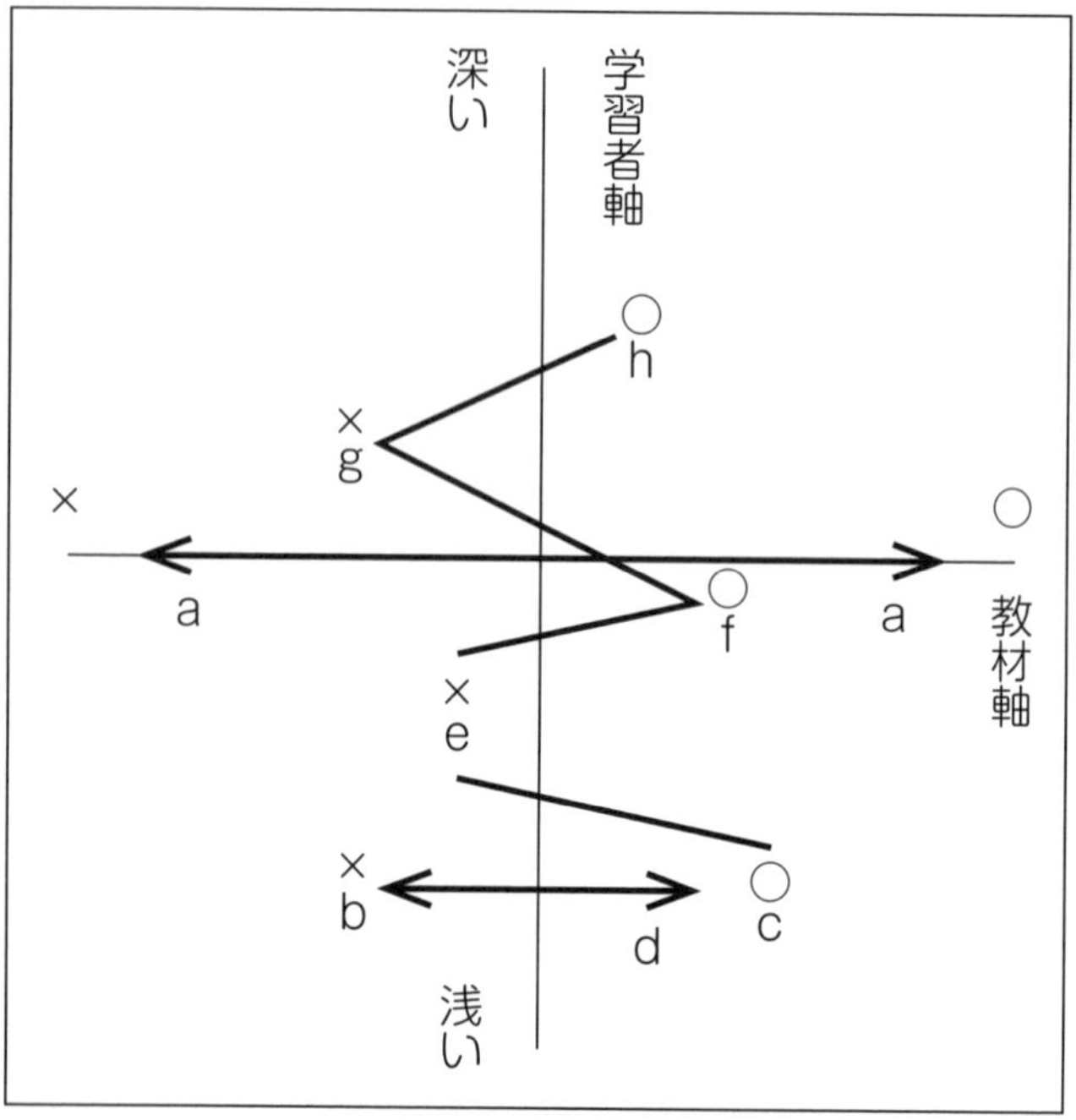

になる（対立d）。

　野口氏の場合、ここからは多くの場合、挙手指名発言となる。しかし、ここが授業の推進力としては一つの勘所なのである。「×」派の第一発言者、「○」派の第一発言者までは野口氏の指名によって選ばれている。つまりは任意の「×」派であり、任意の「○」派であるわけだ。ところが○×両派とも第二発言からは自ら進んで挙手した者が指名される。挙手するということは、これまでの第一発言の二人の見解を超えている意見を自分がもっていると自覚されているからこその行動である。そこで、第二発言者から第三発言者へと少しずつ、解釈の度合いの深い発言が続いていく（e↓f↓g↓h）。要するに、「○」派にしても「×」派にしても、論拠のレベルが少しずつ上がっていくわけだ。この次第に深まっていく論拠同士の対立が、学習者に少しずつ、しかし確実に、新たな、レベルの高い「当惑」をもたらしていく。そして、この次第にレベルアップしていく「当惑」こそが、実は野口氏の授業に見られる「適度な刺激」となって、「学習者の学習意欲の持続性」を機能させるのである。野口芳宏氏の授業にはこうした構造がある。

第五講 動機付けⅡ

ＡＬ型授業の活動ポイント

私は野口芳宏氏の一斉授業の構造が、AL型授業を「深い学び」として機能させていくうえで、一つのモデルになると考えている。野口氏の発問の文言や「○×」といった単純な意見表明、授業運び、そうしたものがモデルになると言うのではない。あくまでも氏の授業の構造、つまりは「適度な刺激」を与え続けることによって子どもたちの「当惑」をレベルアップさせ、「学習者の学習意欲の持続性」を喚起するという構造が、である。

一「一斉授業」の亡霊

第三講に続いて、〈説明課題〉を具体例に語っていこう。

例えば、社会科において、次のような課題を設定したとする。

> A　日本の農業の傾向について説明しなさい。

そして、この日本の農業の傾向・特徴について、教科書には八点書かれていたとしよう（私は国語教師なので、この「八点」というのはあくまで適当です・笑）。この場合、どのような規模条件を付与すれば良いだろうか。

こうした場合、例えば次のように課題を設定するわけだ（第三講参照）。

B　日本の農業の三大傾向を説明しなさい。

教科書には八つの特徴が載っている。しかし、課題は三大傾向。要するに三つに絞らなくてはならない。これは困った。どう絞るか。一貫性のある観点を何か見つけて絞り込まなければならない。ただ八つの中から三つを選ぶというわけにはいかない。ここまで論理的でないにしても、子どもたちは無意識的にこう考えるはずである。この課題は、要するに日本の農業の三大傾向というものを教科書に載っている八つの特徴を参考に「自分たちなりに創れ」と言われているのだと。

こういう思考に追い込んでこそ、こういう立ち位置に追い込んでこそ、実はＡＬ型授業は機能し始めるのだ。ＡＬにおける「主体性」「対話」が、「深い学び」になる可能性が子どもたちに起動し始めると言い換えても良いかもしれない。

教師は教材研究において、教科書に八つの特徴が載っていれば、一般にその八つの特徴のすべてを子どもたちに発見させようとする。この八つの特徴が頁をまたいで、ある頁に六つ、別のある頁に二つなどという掲載の仕方がなされていたとすれば、よけいにこれを発見することは学習として価値が高いと思うだろう。見つけにくければ見つけにくいほど、子どもたちに協同で発見させる価値があると。

しかし、実はこうした発想こそが「一斉授業」の亡霊なのである。もし八つのすべてを発見することだけを目的とするのならば、さっさと一斉授業で八つの傾向を確認してしまえば良いのだ。そして、それらを三大傾向に絞るという思考だけに授業を焦点化すれば良いのだ。その方が子どもたちにも不満が残らない。最初の頁にしか注目せず、六つしか見つけられなかった子どもたちは、他のグループによって実は八つあったということを聞いて、そしてそのグループが教師に「よく見つけたね」と褒められるのを聞いて、「な〜んだ、僕たち間違っていたのね」「あんなに話し合ったのに無駄な時間だったね」となってしまいかねない。

教師がＡＬ実践に本気で取り組もうとするならば、この八つのすべてを見つけるという観点を評価項目からはずさなければならないのである。その覚悟があるか、そういう腹の括り方ができるか、そこがＡＬ実践を機能させられるか否かのポイントになる。

二　ＡＬ型授業の活動段階

例えば、四人グループが八つの三十二人学級でこの課題に取り組むことを想定してみよう。本稿提案の便宜上、活動段階をＡ～Ｃの三段階に分けて書いていく。

【Ａ】子どもたちはまずは個人で教科書から要素となる情報を探す。六つしか見つけられない子もいれば、複数の頁を検索して八つすべてを見つける子も出るだろう。もしかしたら一つも見つけられずに、右往左往し続ける子もいるかもしれない。そうして個々がそれぞれに自分なりの三大傾向をつくったりつくれなかったりする。まずはこの個人で試行錯誤する時間が必要になる。

【Ｂ】次に四人グループをつくる。ここでは四人のそれぞれが自分の個人の思考過程を発表することになる。教科書から要素として何を見つけたのか、何を見つけられなかったのか、三大傾向をつくるにあたって何を取り入れ何を捨てたのか、そうした四人の思考がリストアップされるわけだ。そして四人であれこれと考えることになる。

【C】次第に三大傾向をつくるうえでの観点ができてきて、この観点だとこういう説明ができる、別のこの観点ならこういう言い方ができる、さてどちらが妥当だろうかと、いろいろな議論がなされるはずである。結果的に観点のどれかに絞り込み、各グループなりの日本の農業の三大傾向ができあがることになる。

授業としてはこういう流れだ。

実はこれだけでも、それなりにAL実践として認められるだけの要素は含んでいる。子どもたちは自分なりに考え、対話し、課題に正対する形で、日本農業の三大傾向を創出したわけだから。それをグループ毎に発表したり、それぞれの説明を読み合ったりすることでシェアすれば、一般的にはAL型学習として上出来とさえ言えるだろう。

三　交流活動の発言順

例えば、ある四人グループが個人で思考した結果、次のような教科書情報の取り出しをしたとしよう。


【子どもａ】八つある日本農業の特徴を一つも見つけることができず、説明も白紙のままである。

【子どもｂ】八つある日本農業の特徴のうち三つを見つけ、その三つを羅列することで説明とする。

【子どもｃ】八つある日本農業の特徴のうち六つを見つけ、そのうち三つを抽出し、残りの三つを切り捨てて説明とする。

【子どもｄ】八つある日本農業の特徴のうち六つを見つけ、それらをまとめて新しい三つの特徴を創出して説明とする。


この場合、説明において論拠を多く見つけ、自分なりに高次元にまとめようとした【子どもｄ】はマトリクスにおいて【図１】のような位置にあることを意味する。【子どもｃ】は論拠こそ【子どもｄ】と同じ数だけ見つけたものの、説明の在り方には見解の浅さがあり、「学習者軸」としては低い位置に位置づける。ｂ・ａはそれぞれ、論拠の数、説明の

【図1】

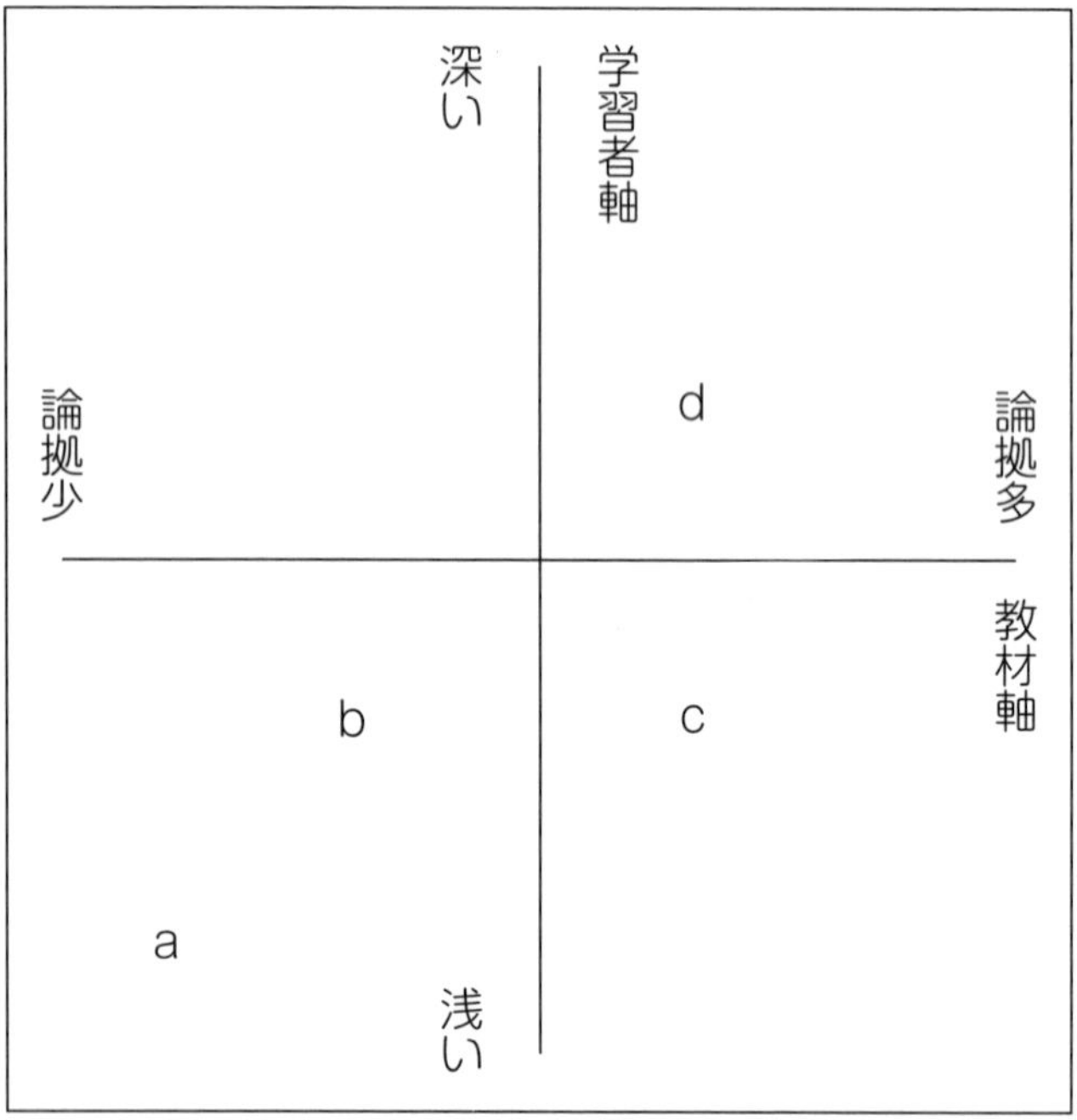

在り方においても低い。

　まず、四人の考えた説明とその過程がリストアップされることになる。仮にa↓b↓c↓dの順で意見が表明されれば、質の低い意見から質の高い意見へという順番で意見が表明されるわけであるから、a・b・cのどの子もグループの友達の意見を聞きながら、少しずつ自分の説明の難点（自分の説明が創出される過程での難点）に気づいていくことになる。これがリストアップ時の理想である。

【図2】

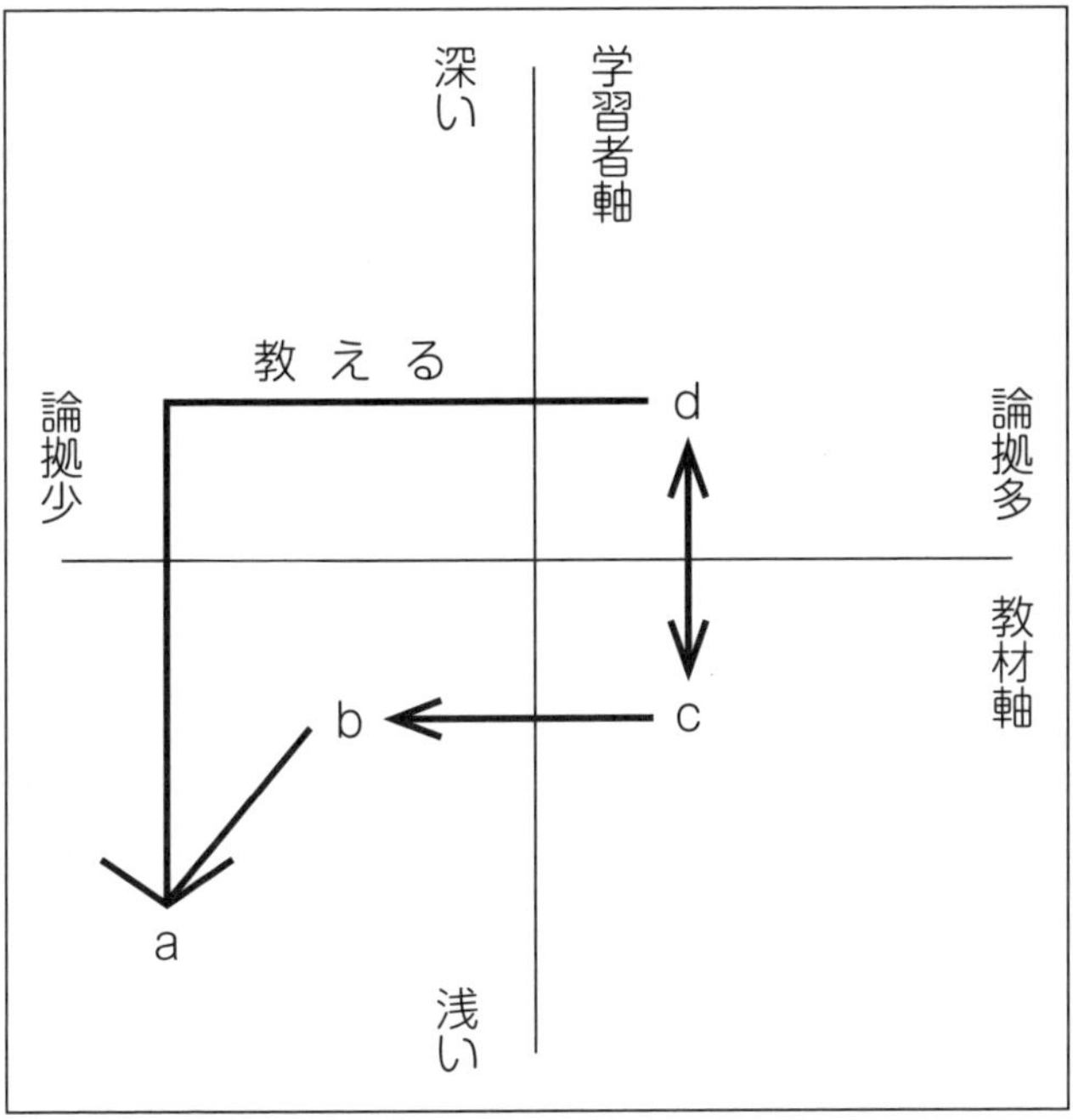

従来、教師主導の一斉授業であれば、子どもたちの意見分布がこのような場合には、下位の子どもから指名することになる。つまり、a→b→c→dの順で指名計画が立てられるのが一般的だ。しかし、AL型授業の小グループによる交流では一般に司会者やファシリテーターは立てられないので、意見表明順番は偶然に頼らざるを得ない。仮にdが最初に意見表明をしてしまった場合には、本来は意見表明に臆するのはaだけであっ

たはずが、c・b・aの三人とも「自らの意見は質が低い」と臆することになる。ここに教科書学力的な課題にＡＬ型授業を持ち込んだ場合の問題点がある。

では、子どもたちにこのような哀しみを抱かせないためにも、グループ交流以前の個人作業（この場合であれば、個々人で「説明をつくってみること」）をやめて、互いにフラットな状態でグループ交流に入ればいいかと言うと決してそうではない。まず、ここで、野口芳宏氏が「○×」「＋・０・－」といった単純化した答え方であっても、最初に個々人が課題に対する意見表明することによってこそ「当事者意識」を抱くことができるのだとしていたことを想い出したい。もしもフラットな状態でグループ交流を始めたとしたら、最初からdがグループ交流の主導権を握ってしまい、aやbは意見表明の機会さえ与えられずに交流時間を過ごすかもしれないのである。

四　「教える」ことの機能

ここで大切になるのは、グループ交流における「教える」ということの機能である。

読者の皆さんは、子どもたちに教えているうちに、指導事項に関する理解が深まったという経験をお持ちではないだろうか。授業中の自分の説明に対するふとした子どもの質問から目が見開かれるように教材の本質が見えて来た。下位の子どもを放課後に教えているとき、子どものつまづきの質から、「ああ、そうか。この指導事項にはこういう誤解を生む可能性があるのだ」と気づかされた。そんな経験を教師ならだれもが持っているはずだ。先のグループ交流には、実はそのような機能をそれぞれにもたらす可能性がある。bがaに、cがbとaに、dがcとbとaに、それぞれ「教えることによって理解を深める」という可能性を持っている。古くから、さまざまな実践家・研究者が、教師と子どもの「縦の教授関係」だけでなく、子ども同士の「横の教授関係」による理解の深まりを重視してきた。もちろん、野口芳宏氏にも「論破の授業」や「作文指導」などにこの発想が多々見られる。

最近では、『学び合い』運動がこの機能の重要性を指摘している。西川純氏の『学び合い』運動における最重要フレーズ「一人も見捨てない」は、暗に成績上位の子どもたちに成績下位の子どもたちに「教える」ことの責任を持たせると同時に、それによって更なる理解の深まりを促すことを意識化させようとしていると言ってよい。

さて、これをもとに、リストアップ時の私が取り組んでいる方法を紹介しようと思う。

私は先にも述べたように、フラット状態でグループ交流に入ることをしない。必ず事前に個人作業を課し、グループ交流では全員が「言うべきこと」をもって意見表明できるようにしている。しかし、その際、実質的に一斉授業で教師が指名計画を立てるのと同様の機能をもたせられるような工夫をしている。それが「自己評定」である。「自己評定」は5・4・3・2・1の五段階でつける。

例えば、先の子どもaであれば、白紙の説明カード（私なら二百字詰め原稿用紙を用いると思う）に「自己評定1」とつけるわけだ。私の感覚では子どもbなら「1」か「2」を、cなら「3」か「4」を、dなら「4」か「5」をつけるだろう。自ら自信満々と「5」をつける生徒はほとんどいない。しかし、だからこそ、ときに「5」が出るとその意見に対する注目度が上がって、交流や議論が盛り上がることになる。それが五段階評定にしている理由だ。A・B・Cの三段階だとこうはいかない。

さて、意見表明に際して、「自己評定」が施されていると、評定の低い者から意見表明をしていくというルールができあがる。これはかつて、「教育技術の法則化」運動において、向山洋一氏がサークルでの発表順を「自信のない人がどうぞ」と、自主的に「自信のない者」から発表するように促していたというエピソードからヒントを得て採用している方法である。これで、教師が一斉授業で指名計画を立てたときの理想の意見発表順番に限りなく近づけることができるのだ。あとは、私が西川氏に倣って、「一人も見捨てるな」「理解するまで教え尽くせ」と言うだけである（笑）。ここから交流を始めるわけだ。自分たちのグループに「自己評定1」が出たとき、生徒たちは「おおっ！出た出た。さて、頑張るか」「悪いね。でも、全然わかんなかったんだよね」などとやっている。こうして、それぞれのグループでできあがった説明を、最終的には全体で交流していくことになるわけだ。このリストアップの段階は第三講でも述べたように、ＡＬ型授業で最も配慮しなければならない、重要な段階だと私は考えている。

しかし、この授業には、それでも教師の中で、現実的に二つの不満が残ることになる。一つは先にも言ったように本当は八つ見つけて欲しい日本農業の特徴について、六つしか見つけられていないグループができあがってしまうことである。もう一つは、日本農業の三大傾向を創った結果は全体で交流されているものの、三大傾向創出の過程においては、学級全体としてはなんら交流がなされていないことである。これでは、学級の三十数人が協同したとは言えず、学級が各グループの四人だけという小規模であっても同じだったということになってしまう。この点を次講で扱っていくことにしよう。

第六講 動機付けⅢ

価値ある情報を生むシャッフルタイム

一　シャッフルタイムのタイミング

グループ交流活動、グループ対話活動のなかで、ジグソー学習やワールドカフェのようにグループをシャッフルすることがある。或いは学級全体を立ち歩き自由、交流自由にして情報交換する時間を設けることがある。最近では、多くの教師が取り入れている手法だろう（以下「シャッフルタイム」）。

しかし、こうした学級全体での交流は授業過程のなかで、どのタイミングで導入すべきだろうか。本講ではこれを考えたい。

前講で「日本の農業の三大傾向を説明しなさい」という〈説明課題〉を取り上げた。本講もこの授業をもとに、「シャッフルタイム」について考えていくことにしよう。

授業過程は以下である（詳細は第五講六〇頁）。

【A】個人作業の時間

子どもたちが個人で教科書から要素となる情報を探す。八つある要素から六つしか見つけられない子もいれば、八つすべてを見つける子も出る。一つも見つけられない子もいる。

そんななか、個々がそれぞれに自分なりの三大傾向をつくったりつくれなかったりする。

【B】グループによる試行錯誤の時間

四人グループをつくり、それぞれが自分の個人の思考過程を発表する。教科書から要素として何を見つけたのか、何を見つけられなかったのか、三大傾向をつくるにあたって何を取り入れ何を捨てたのか、そうした四人の思考がリストアップされる。そして四人であれこれと考える。

【C】グループによる説明生成の時間

次第に三大傾向をつくるうえでの観点ができ、説明するうえでの観点を定めていく。結果的に各グループなりの「日本の農業の三大傾向」ができあがり、各グループの発表によって全体交流がなされる。

さて、どのタイミングで「シャッフルタイム」が導入されるべきであろうか。読者の皆さんも、少し考えてみて欲しい。

二　逆転現象を仕掛けるシャッフルタイム

まず、普通に思いつくのは活動段階のBとCの間ではないだろうか。各グループでのリストアップが終わり、さあ、いよいよ三大傾向をつくろうという段階で、一度シャッフルをかける。すると、教科書情報を六つしか見つけられていなかったグループは、他のグループから実は八つあるようだという情報を入手することになる。もとのグループに戻ったときには、本格的にCの段階に入る前にまずは残り二つの特徴が必ず話題になるはずである。今後の話し合いにとって、重要な情報が追加されたわけだから、それを無視することはできない。教師のなかに子どもたちにどうしても八つの情報を見つけたうえで課題に取り組んで欲しいという思いが大きい場合には、このタイミングで「シャッフルタイム」を入れるのがふさわしいだろう。

「実は教科書掲載の特徴は六つではなく八つある」という情報をdが入手してきた場合こそ、これまでと変わらぬ「dがc・b・aに教える」という構図が維持されるけれど、もしもaがその情報を入手してきた場合には、少なくともその「教科書掲載は八つ」とい

【図3】

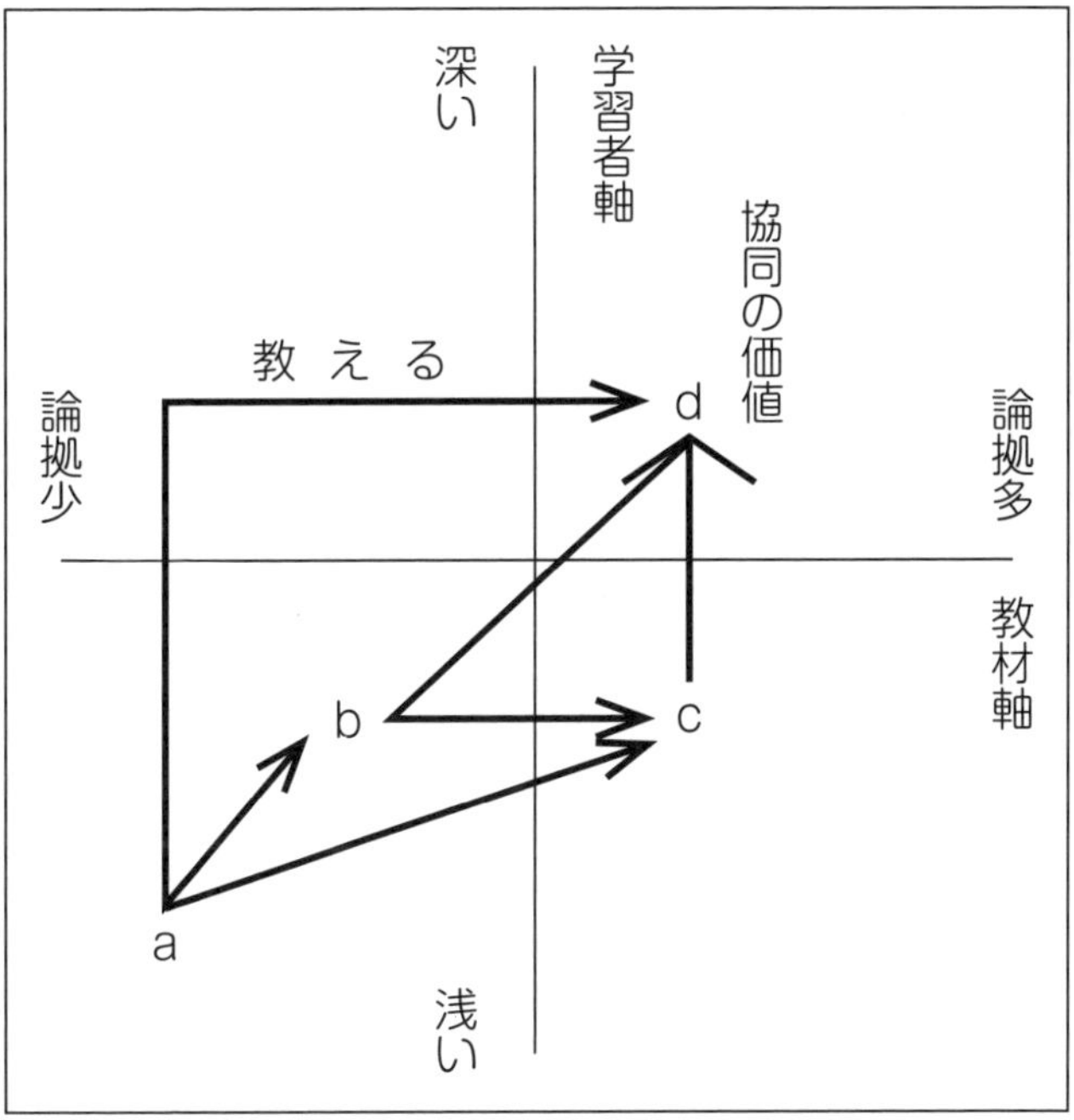

う情報をaはd・c・bの三人に教えることになるという逆転現象が起こる。同様に、b・cが入手してきた場合にも、aにとってはもちろん、このグループ内では成績上位で、交流活動の中心にいたdにとってもその情報価値は高く、「新たな認知構造」を獲得していくための大きな要素として歓迎されるはずである。それはグループ内成績上位のdにとって、リーダーシップを取りながら「教えることによって理解を深める」という

ことに止まらず、「協同すること」の価値として意識されるようになる【図3】。

ＡＬ型授業を機能させるには、このように、グループ内で「相対的に成績上位の子」に自分よりも成績下位の子がもたらす情報によって「新たな認知構造」を獲得できるという経験をどれだけ保障できるかという点が重要である。いくら「教えること」に意義があるとは言っても、それだけでは一年間の長丁場、意欲を高く保ち続けられるものではない。

また、成績下位の子、ここで言うと「子どもａ」にあたるような子どもたちが一方的に教えられるだけでなく、「シャッフルタイム」のような機会に新たな情報を入手し、少しでもグループ内交流に貢献しようという意識をもつことも大切である。例えばワールドカフェにおいて、グループをシャッフルするときに同じグループから同時に二人以上が同じグループに移動できなくするのも、この原理を大きく働かせるためである。ワールドカフェの第2ラウンドにおいて、メンバーはこのグループで得られる情報を最終的に自グループに持ち帰ることができるのは自分だけである、という意識で臨むことになる。実はこの責任感が各々の情報入手の意識を高め、結果的にワールドカフェを大きく機能させているのである。この原理を軽視してはならない。

そして何より重要なのは、こうした新たな情報が「適度な刺激」として、「学習者の学習意欲の持続性」への大きな要因となっていく点である。ＡＬ型授業は一斉授業と異なり、教師がコントロールしながら学習意欲を持続していくという手立てを採ることができない。子どもたち同士の意見、子どもたち同士の質問、子どもたち同士の反論、こうした交流活動における子どもたちの発言や気づきこそが「適度な刺激」として連続していなければならないのである。その意味で教師の仕事は、授業を進めていくうえでの「環境設定」のみによって、間接的に「適度な刺激」をもたらすような状況をつくっていくことということになる。この点で「シャッフルタイム」のタイミングは、このような状況をつくる教師の意図的な「環境設定」としてとても重要なのである。ＡＬ型授業を志すすべての教師はこのことを大きく意識しなくてはならない。

三　思考の固定化を壊すシャッフルタイム

さて、第二に考えられるのは、「シャッフルタイム」を活動段階Ｃの途中で入れることである。ここに「シャッフルタイム」を入れれば、各グループの「思考の固定化」を避けることができる。

子どもたちに限らず、固定したメンバーで交流していると、どうしても思考の在り方、考える方向性が固定化していくものである。数人のメンバーで指導案検討をしていて、思考が固定化してしまったとき、それまでの経緯を知らない第三者の素朴な意見でこれまでの方向性がまったく変わってしまうほどに目を見開かれた……教師ならこんな経験を必ずもっているはずである。子どもたちにとっても同じなのだ。別のグループの情報をこのタイミングで取り入れることは、凝り固まり始めたグループメンバーの発想を別の観点によって活性化することにつながるのである。

活動段階のBとCの間で「シャッフルタイム」があった場合、既にこのグループの四人は「日本の農業の特徴」が教科書に八つ掲載されていることは理解している。その意味で、「教材軸」においては四人が四人とも右側へとシフトしている形になる。

しかし、「日本の農業の特徴」のリストアップを終え、いよいよそれを「三大傾向」にしていこうという段になると、【図4】のようにdが他の三人をリードして、実質的にはdの見解によって「三大傾向」をつくろうとすることになりがちである。また、【図5】のように、cが自らの間違いに気づき、dも前回の「シャッフルタイム」で大きく学び、d・cともに課題の意味・意義を深く理解できるようになっていたとしても、dとcがほ

【図4】

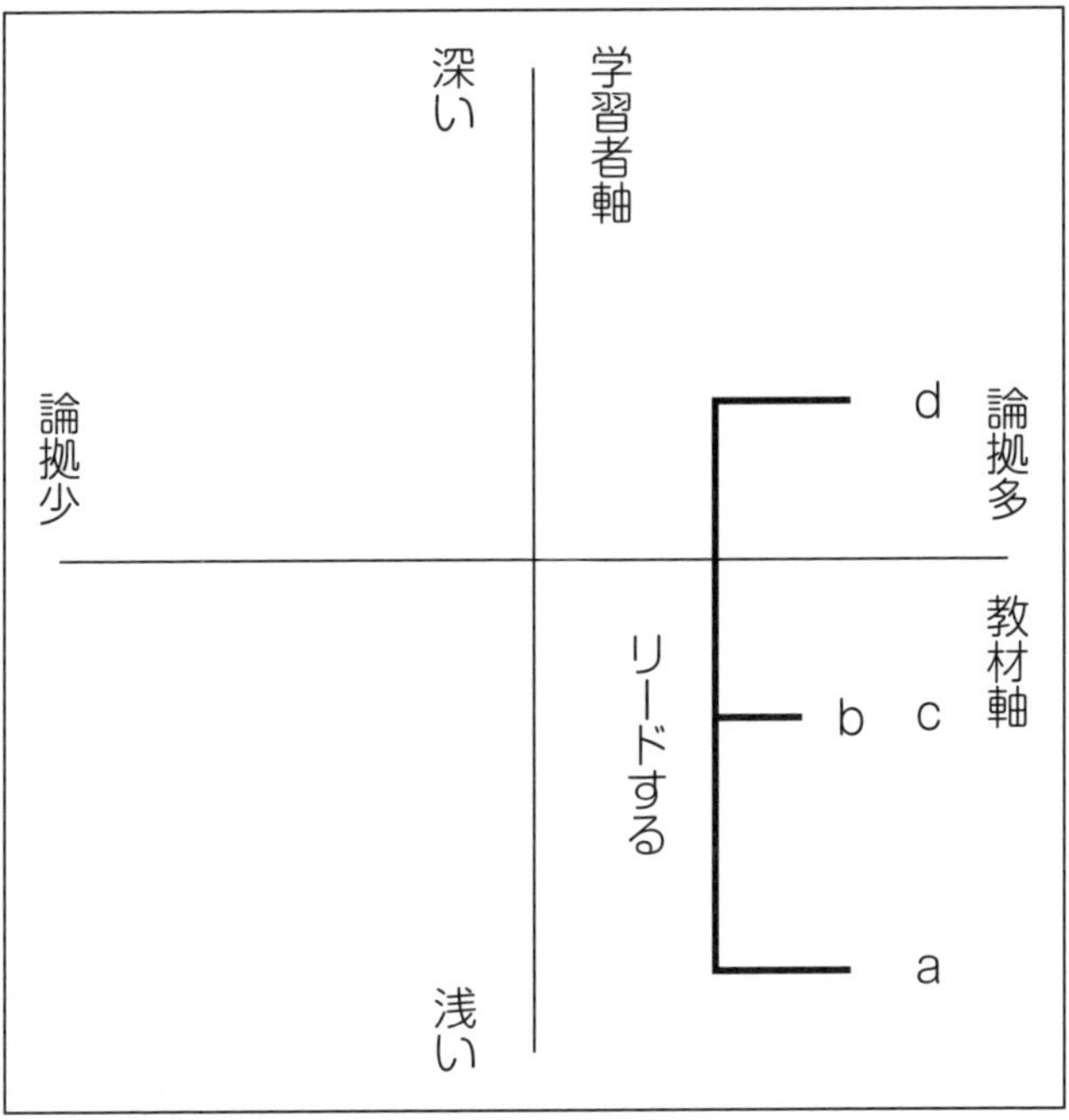

とんど二人でしゃべり続け、bとaは黙ってその動向を見ているだけということにもなりがちである。前者はdが一人で議論をリードすることになり、後者はd・cの議論だけがこのグループをリードし、b・aは半分の理解のまままだ二人の議論を見守ることしかできないということになる。b・aは傍観者とまでは言えないまでも、その動向はやはり「傍観者的」と言わざるを得ない。

　謂わば、この固定化を壊す

【図5】

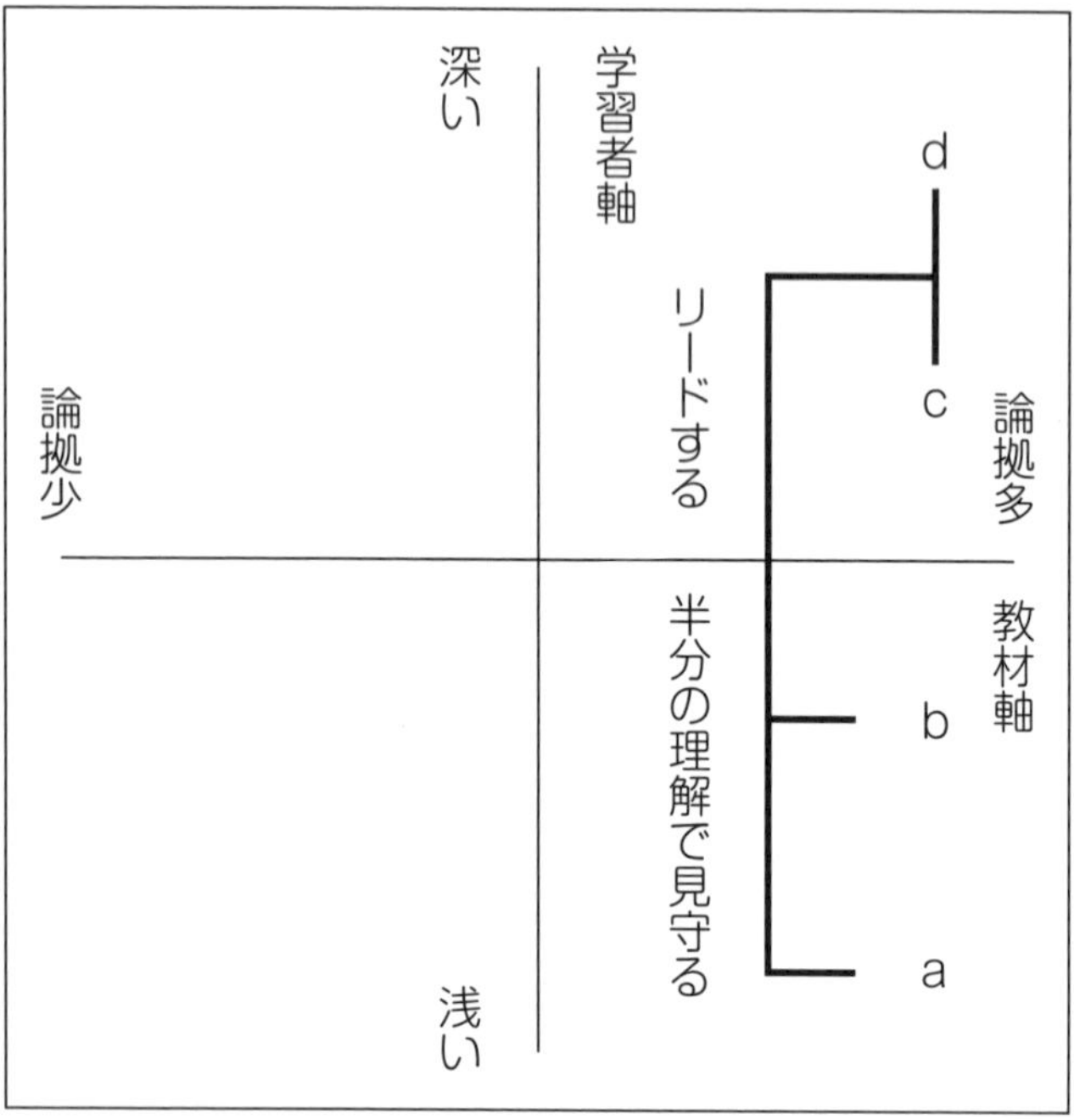

のが、この活動段階Cの途中で仕掛ける「シャッフルタイム」なのだと言える。

四　価値ある情報を創出するシャッフルタイム

【図6】は活動段階Cの途中で「シャッフルタイム」を設けた場合の構造図である。既に第一回目の「シャッフルタイム」によって、学級全体が「日本農業の特徴」として教科書に八つが掲載されているということは理解されている。これまでのマトリクスの右側だけを描いている形だ。左側カットした分、別のグループの図があわせて掲載されている。子どもe・f・g・hを構成メンバーとするグループである。

このタイミングで「シャッフルタイム」を設けると、子どもdやcといった自グループの議論をリードしているタイプの子どもたちは、別のグループの同じような子から情報を得ようとするものである。これは授業者から見ると、成績下位の子とも交流して欲しいと思いがちだが、実はこの段階では上位の子同士が交流した方が学習としては効果が高い。各グループでは出なかったような、更なる高次見解が生まれ得るからだ（A）。

一方、aやbのような下位の子どもたちは下位同士で交流することが多い。自分はこんなふうに考えているけれど、ここがわからない。そんな交流が展開される（B）。そして、

【図6】

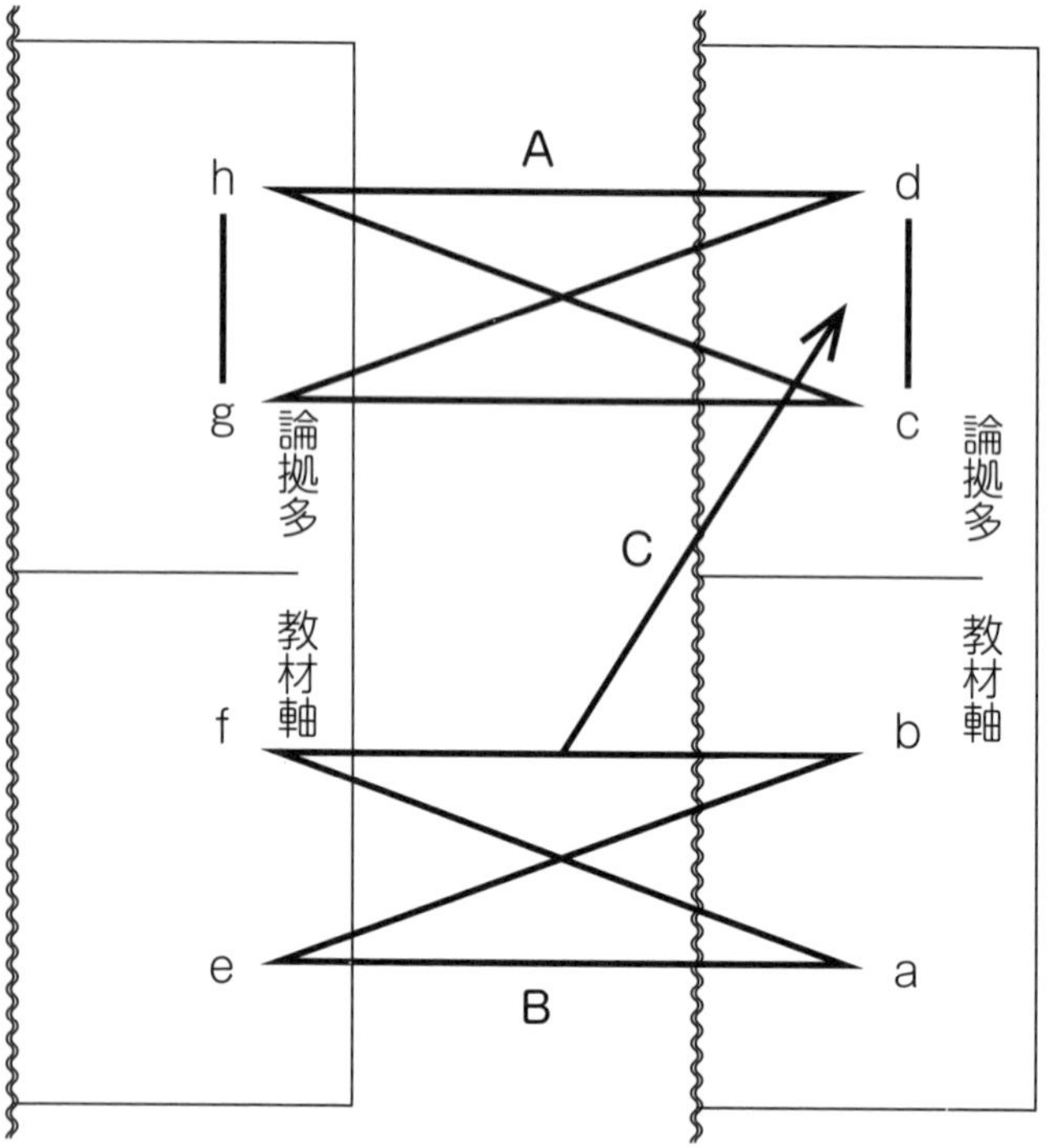

下位の者は下位の者で交流した結果、どうして自分たちには各グループでの議論がわかりにくいのかということの理屈ができ上がっていくのである。後に、自グループに戻ったときに、率直にその見解を、つまりは同じような下位の子ども同士でパワーアップしバージョンアップした思い、説得力のある思いが表出されることになるのである（C）。この下位の子同士がバージョンアップさせた「学習抵抗」や「課題の在り方自体に対す

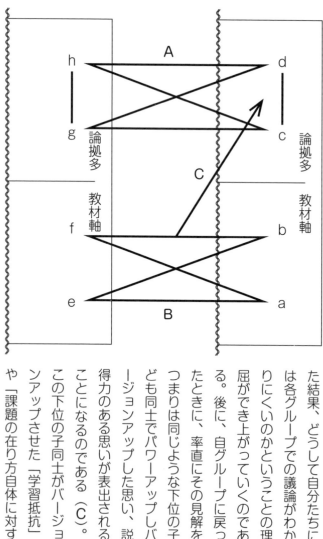

る問い」は、d・cの成績上位の子にとっても、「協同する」うえで価値ある情報になっていく。それを「教える」ことが、自らの更なる理解に繋がっていくからだ。

こうした機能を生むためにも、一回目の「シャッフルタイム」はワールドカフェのような固定制のメンバーシャッフルでも良いが、二回目は必ず「立ち歩き自由」の、誰と交流するかまで自分で選択することのできる〈完全自由制〉を採用する必要がある。AL型授業の「シャッフルタイム」とはここまで考えて、環境設定すべきものなのである。

こうしたそれぞれの機能は、成績上位の子であろうと下位の子であろうと、野口芳宏氏が教師主導でコントロールしていた「刺激策」に優るとも劣らないということがおわかりかと思う。AL型授業が学習意欲を持続させられるのにはこうした構造があるのだ。

第七講 メタ認知 I

自分が見ている世界と現実との「ズレ」を捉えることから

一　自分が見ている世界と現実の世界

教師ならだれもが一度や二度は、自分の授業をビデオに撮ったことがあると思う。事後にそれを見たという経験を持つ読者も多いだろう。しかし、それを最後まで見ることができた、最後まで見切ることができたという人は、いったいどのくらいいるだろうか。

例えば、あなたが研究授業をする。仲の良い同僚の先生がその授業を撮影してくれる。自分なりに満足のできた研究授業だった。それなりに準備もしてきたのだから、当然である。あんなに頑張ってきたのだから。しかし、事後の研究協議会ではさまざまに批判されてしまった。当日の夜には同僚が慰労会を開いてくれた。「協議で出た批判なんて気にするな」と同僚は言ってくれた。自宅に戻り、協議であの教師が言っていたことはおかしい、指導主事が言っていたことは的を射ていないと、ビデオを見返してみる。しかし、そこには自分自身でイメージしていたのとはまったく異なる自分の姿が映し出されている。しばし呆気《あっけ》にとられる。驚きを隠せない。こんな姿は自分の姿ではない……。しかし、次第にそれが現実であることをあなたは認めざるを得ない。だって、その映像に映し出されているのは、他ならぬ自分自身の姿であるのだから。語ってる台詞も、前日にあんなにも時間をかけて、迷った末に選択したあの導入の指導言である。ああ、これは現実なのだ。とても正視できない。あなたはビデオのスイッチを切る。ビデオを再生していた機械がかわいた音を立てて止まる。

そう。自分が見ている世界と、現実の世界は違う。それもかなり違う。きっとまったく違う。自分の世界は、自分の都合の良いように見えている。それをこんなにもはっきりと示してくれるもの、それが授業のビデオである。

二 「メタ認知」と「ヒドゥン・カリキュラム」

心理学に「メタ認知」という概念がある。

心理学においても様々に論じられるこの概念は、それぞれの領域で有機的なつながりを欠いたままに研究が進められて来たため、心理学研究においてもその研究の方向性は多様であり曖昧である。ただ、「メタ」（＝超える）という形容が「認知」についているわけであるから、「認知活動を対象とした認知」という程度には定義できる（『メタ認知　学習力

を支える高次認知機能』三宮真智子編著・北大路書房・二〇〇八年一〇月）。

いま、授業ビデオを題材に「自分が見ている世界」と「現実の世界」のズレについての例を挙げたわけだが、これは当事者である教師の「メタ認知能力」、つまり、自分の認知活動を対象として認知する力が欠如していたことから起こった事例であると言える。

授業であろうと生徒指導であろうと学級経営であろうと、教師には一つ一つの教育活動にやろうとしている「意図」がある。その「意図」を実現するために、何らかの手立てを打つ。一手一手はその「意図」に基づいて打たれる。しかし、教師は「意図」から「手立て」へという思考回路を取るが故に、その「意図」に基づいた「手立て」がほんとうに機能したか否かを顧みない傾向がある。それを顧みれば、「意図」に基づいて採った「手立て」が自分の「意図」をどの程度実現したか、具現したかということを分析するはずなのだ。そしてそれを分析したならば、子どもたちの要因や手立てに内在する要因の他に、自分という教師の特性が持つさまざまな難点に目が向くはずなのだ。

教師の持つ特性とは、例えばキャラクター、例えば話し方の癖、例えば思考の傾向などなどのことだが、これら一つ一つが子どもたちに意図した教育活動を機能させる妨げとなることがたくさんある（もちろん、意図せずよりよく機能させることもいっぱいある）。

例えば、教師も人間だから「笑いのツボ」のようなものを持っている。こうした傾向の事柄に妙にウケる。笑いが止まらなくなる。そうした「笑いのツボ」だ。教師の笑いのツボに触れたときに教師が腹を抱えて楽しそうに笑う、その場面を何度か見てきた子どもたちは、無意識のうちにその教師の笑いのツボを刺激しようと試みるようになる。「先生はこの手のことにウケる」ということを知っている子どもたちは、その笑いのツボを刺激するような発言をし、行動をするようになる。これは教師と子どもたちの人間関係がうまくいっていればいるほどその傾向が出る。もしもその教師の「笑いのツボ」が毒舌系であり、教育効果として難点があるという場合には、教師は当然、その自分の「笑いのツボ」の在り方を意識し、悪影響が出ないようにとコントロールしなければならないはずなのだ。教師はこうしたレベルで考えなくてはならない。

例えば、教師も人間だから「腹を立てることの傾向」のようなものを持っている。人間関係トラブルを誘発するような軽口に腹を立てる。指示が一度で通らず、いま言ったことにすぐに質問してくる多動系の子どもに腹を立てる。うじうじしていて、はっきりしない優柔不断な行動に必要以上にイラつく。そうした教師の小さな表情の変化を子どもたちは逐一観察している。それはそうだ。子どもたちから見れば、教師は自分たちの学校生活に大きな影響を与える権力者である。地雷は踏みたくない。子どもたちは教師の腹を立てることの傾向に鑑みて、地雷を踏まないように発言し、行動するようになる。そしてこれも当然、教師としては自らをコントロールしながら、この手の悪影響が出ないように意識しなければならないはずなのだ。

実は、教師の持つ特性が、このように教師が意図せぬままに子どもたちに機能してしまっているということが多々ある。これを一般に、〈ヒドゥン・カリキュラム〉(=「かくれたカリキュラム」)と言うが、教師には「悪しきヒドゥン・カリキュラム」をできる限り排除しようとする意識が必要なのである(もちろん、完璧はあり得ないけれど)。おそらく教師が持つべき「メタ認知能力」の筆頭は、こうした「悪しきヒドゥン・カリキュラム」をできる限り排除しようとする意識である。

三 話し方の癖とコンテクスト

だれもが話し方の癖をもっている。

思い込みの激しい人は言い切る傾向がある。例外があることを過小評価し、あり得る反論を想定せずに物事を判断する傾向がある。

反対に自信のない人は自分でも意識していないうちに曖昧な言い方をする。「～だと思うんですよねえ」「～でしょ?」「～っていうか……」と判断を相手に委ねる話し方をしたり、いちいち「わかる?」とか「わかるかなあ……」などと相手にどこまで伝わっているかを確認したりする傾向がある。

自分をわかって欲しいという思いの強い人は自分の考えていることの全体像を話そうとするため、ある面から言えばこう言えるけれど、別のある面から言えばこうも言える、これを考えるためにはこの点とこの点とが複雑に絡み合っている、そういう言い方をしがちだ。聞いている側からすると、話があっちに行ったりこっちに来たりしている印象を拭えず、もう少し焦点化してしゃべってくれないものかと感じることになる。

かく言う私は、この「自分をわかって欲しいという思いの強い」タイプであり、自分の考えていることの全体像を語りたいと感じているタイプの人間である。物事を多角的に考えることを旨とし、一つのことをあるアングルから見たときと別のアングルから見たとき、更に別の第三のアングルから見たときまでを語り、複数のアングルから一つの事象を論じて、それによってその事象の本質を、全体像を浮き立たせようとするタイプの語り方をする。教育書業界では実践者にこの手の語り方をする者が少なく、私の書くものを「わかりにくい」と評する読者が少なくない。

話し言葉にもその傾向があり、私の講演・講座は膨大な情報を聞き手に与えつつ、結論を述べず、「情報は紹介しました。あとは皆さん一人ひとりがお考えください」という構成を採ることが多い。自分の頭で考えるという癖をもたず、その人の考えている結論を求めたいタイプの参加者には非常に評判が悪い（笑）。私のようなタイプは、時間を区切られた講演・講座や字数を限られた雑誌原稿にはあまり向かず、字数を気にせずに際限なく書きたいことを書けてしまう書籍という形態が向いているのだろうと自分では思っている。おそらく、講演・講座や雑誌原稿は「思い込みの激しい人」が言い切るのに向いている媒体なのだろう。その分、彼らは書籍の執筆において紙幅を埋められないという悩みを抱いているようであるが……（笑）。

話が脱線した。もとに戻そう。

しかし、である。どうやら、私の書くものは数を読んでいるうちに慣れていくようなのだ。本を上梓すると手紙やメールで感想をいただくことがあるわけだが、そのなかに「堀先生の本は最初はとっつきにくいと感じていたのですが、何冊か読んでいるうちに堀先生の考えていることが伝わってくるようになった」というものが多いのである。実は講演・講座にも同様のことが言えて、私の表現活動は、こうした私の表現の癖に慣れ、その表現方法の構造を理解してくれる数少ない奇特な方々によって支えられている。

実はこうした聞き手や読み手が表現者の表現の癖に「慣れていく」という機能は、決して私にのみあるわけではない。どのような表現者であろうと、聞き手や読み手はその表現に触れているうちに慣れていくのである。思い込みの激しい人の言い切る話し方であろうと、自信のない人の曖昧な話し方であろうと、聞き手はその話し方に慣れ、次第にその人の言いたいこと、伝えようとしていることを瞬時に理解するようになっていく。どういう場合に何を言うのか、どういう表情をしたときに何を言いたいのか、話し手と聞き手との間にそうした〈コンテクスト〉が共有されていく。それもお互いに無意識のうちに共有化されていく。

そして実は、教師と子どもたちの関係性にこそ、この構造が最も当てはまるのである。

四　表現方法に対する意識と表現内容に対する意識

話すときに無駄な感動詞の多い人は多い。「ええと」や「あのう」がやたら多い人の話を聞いていると、私などはイライラしてくる。感動詞だけではない。やたらと「ね」の多い人もいる。私ね、それがね、どうにもね……この人は文節ごとに「ね」を入れているのではないかと思われるような人さえいる。言うまでもなく、教師にも多い。非常に耳障りだ。なにかにつけて元気よく「はい！」と言ったり（「はい！始めますよ」というような）、文の最初に常に「それでは」と言ったり（「それでは始めましょう」というような）、常に「さて」と言い続け「この人はどれだけ話を転換するのだ！」と思わせたり、そんな人たちがたくさんいる。

しかし、そんな教師の悪しき話し癖にも、最初は耳障りに感じていた子どもたちも数週間もすれば慣れてしまう。気にしなくなる。というよりは気にならなくなる。それを気にしていては、授業に集中できないし、なによりコミュニケーションが成立しない。子どもたちには勉強するという目的がある。みんなでコミュニケーションを図りたいという思いもある。担任教師も含めて、一つの学級集団としてよりよい、より楽しい学校生活を送りたいとの意識もある。目的や思いや意識は、少しくらいの耳障りな事柄は簡単に排除してしまう。それにいちいちイラついていたのでは学校生活が送れないからだ。人間はそんなふうにできている。

最初は伝わっていないのではないか、自分の話に集中してくれていないのではないかと感じていた教師も、次第に子どもたちが自分の話し方に慣れ、気にしなくなってくると、気を付けようという意識を失っていく。教師の意識がわかりやすい話し方、伝わりやすい話し方から、話したい事柄、伝えたい事柄、つまりは教師としての自分の「意図」へと意識が移っていく。表現方法に対する意識が消え、表現内容へと意識が集中していく。

次第に教師は、自分が意図したことは子どもたちにすべて伝わっていると感じるようになる。それで日常の授業や学級運営が困らないのであるから、教師が表現方法に立ち返ることなどない。その必要感がないのだから当然である。曖昧な発問も、曖昧な指示も、曖昧な説明も子どもたちには伝わる。自分の意図したとおりに、それなりに動く。なかには動けない子も少数いるけれど、それは特別な支援を要する子だ。或いは少々問題のある子だ。その子たちには個別に指導しなければならない。悪いのはその子たちだ。自分に問題があるわけではない。無意識にこういう思考構造に嵌まり込む。それが伝わるのは、他ならぬ自分の学級の子どもたちだけなのだということに気づきもせずに……。

結果、教師の悪しき話し癖は修正されることがない。修正しなればならないとの必要性さえ感じることがない。自分のキャラクターにも、自分の立ち居振る舞いにも、自分の思考回路の傾向にも、まったく意識が向かなくなる。少し意識するのは授業参観のときくらい。或いは研究授業のときくらい。自分としては最大限の配慮をしながら一言一言を発したつもりでいる。わかりやすく、丁寧に語ったつもりでいる。作り笑顔で、日常より表情も整えたつもりでいる。しかし、教師は俳優ではない。演技が上手いわけでもない。そんな下手な小芝居で誤魔化せるほど、人間の本質的な特性というものは甘いものではない。

授業ビデオは、教師が見たくないこの構造を明らかにする。事実として、毎日無意識に自分が創り出しているオーラを、或いはオーラの無さを明らかにする。それが本人にとっては見るに堪えない。子どもたちが慣れてしまっている自分が醸し出す雰囲気に、保護者も同僚もそういう人なのだろうと捉えている自分の落ち着きの無さに、自分だけが耐えられない。教師が自らの授業ビデオを見続けられない要因が「メタ認知能力」の欠如にあるということが、少しは伝わっただろうか。

第八講 メタ認知Ⅱ

教師の思いと子どもの思いの「ズレ」を踏まえた生徒指導

一　教師の思いと子どもの思い

教師ならだれでも一度や二度は、子どもに伝わったと思っていた指導が実はオチていなかったという経験があると思う。日常的にそういうことが多い読者も決して少なくないのではないか。それがもとでその子との関係が悪くなったとか、それがもとで保護者からクレームをもらうことになったとか、そんなこともあるかもしれない。

例えば、生徒指導が入る。A子ちゃんとB恵ちゃんの小さな人間関係トラブルだ。いじめの芽にもなり得るから放っておくわけにもいかない。ふだんは仲のいい二人だから、それほどこじれることもないだろう。そう思ったあなたは放課後に二人を呼んで、お互いの言い分を聞く。どうやら今回はA子ちゃんが冗談で言ったことがB恵ちゃんには言い過ぎだと感じられてしまったことが原因らしい。B恵ちゃんは傷ついたと言う。A子ちゃんもそんなつもりで言ったのではないと言い、誤解だったことがわかった。二人ともこれからも仲良くしたいと思っていると言う。そういうことなら、話は簡単である。A子ちゃんに言い過ぎだったとB恵ちゃんに謝罪させ、B恵ちゃんも勘違いしてごめんなさいと応じて解決。仲の良い二人は肩を並べて帰って行った。

ところが、その日の夕方。A子ちゃんの保護者から電話がかかってくる。娘が先生に一方的に悪者にされたと。B恵ちゃんだって悪いのに、むしろB恵ちゃんが先に悪口を言ってきたのに、自分の言い分をまったく聞いてもらえなかったと。

あなたは戸惑う。B恵ちゃんと一緒に帰って行くA子ちゃんの表情は決して悪くなかったのに……。A子ちゃんも納得して帰ったと思っていたのに……。B恵ちゃんと一緒に呼ばれて話を聞かれたので、言いたいことを言えなかった、そうA子ちゃんは言っているらしい。明日は学校に行きたくないとも言っているという。ああ、慎重に一人ずつ話を聞くべきだった。A子ちゃんの表情を自分は見誤った。しかし、後悔先に立たず。次の日以降、一度解決したことを蒸し返されたと、B恵ちゃんの保護者も納得しない。結局、学年主任や管理職を巻き込んでの大きなトラブルへと発展していくことになってしまった。あなたはA子ちゃんからもB恵ちゃんからも信頼を失い、三月までなんとなくぎくしゃくしたまま過ごすことになる。

そう。自分が見ている世界と、現実の世界は違う。それもかなり違う。きっとまったく違う。自分の世界は、自分の都合の良いように見えている。それが、時に取り返しのつかないトラブルにまで発展することがある。それが生徒指導である。

二　自分に見える世界と現実の世界

こうしたことがあると、教師は人の気持ちがわからなかったと分析しがちである。A子ちゃんの気持ちを慮《おもんぱか》ることができなかったと。自分はもっともっと子どもの気持ちを理解できるようにならなければいけないと。確かにそういう側面はないわけではない。

しかし、この事例において、教師は教育技術として、或いは生徒指導の原理原則として致命的なミスを犯している。それは言うまでもなく、二人の児童を同時に呼んで事情を訊いたことだ。要するに、生徒指導の原則として、A子ちゃんとB恵ちゃんは別々に呼んで事情を訊かなければならないのに、「ふだんは仲のいい二人だから、それほどこじれることもないだろう」と指導の原則を甘く見たのだ。二人を順に呼んで双方の言い分を聞いていたなら、このトラブルは起こらなかったのである。

生徒指導における事情聴取には原則がある。それは何よりもまず第一に、指導事案において「起こった事実」「起こった事柄」の全体像を明らかにすることである。要するに

「事実確認」だ。しかも、「事実確認」において最も大切なことは、あくまで「事実確認」は「指導」ではないと教師が心することである。言い換えるならば、「事実確認」と「指導」をしっかりと分けて捉えるということである。事実確認においては、子どもに「どういうつもりでやったのか」とか「いまどう考えているのか」とか「反省しているのかどうか」とか、これら一切をまだ確認してはいけない段階なのだと意識しなければならない、ということだ。起こった事実が明らかにされていないのに、子どもの心の問題に踏み込むというのはナンセンスなのである。事実と気持ちが曖昧になり、適切な事実確認を妨げる危険性さえある。心の問題に踏み込むのは、事実がしっかりと確認された後で充分なのである。

ところがこの事例の指導では、A子・B恵の双方を一人ずつ呼んで事実確認することを怠り、しかも最初から人間関係修復のために「誤解を解く」という指導方針を採っている。一人ずつ呼んで事実確認をしていれば、今回の事案以前にA子がB恵に心ない言葉をかけられたことがあること、A子がB恵との関係修復を求めてはいないことなどが明らかにされたはずなのである。もちろん、A子の言い分が事実であるのかどうか、それをB恵にも確認しなければならない。こうして、双方の言い分のうち何が事実で、何が一方による思い込みなのか、教師にも理解できたはずなのである。

しかし、この教師は「ふだんは仲のいい二人だから、それほどこじれることもないだろう」と考え、二人に仲直りをさせることを指導方針とした。もしかしたら、二人が互いにもう付き合いたくはないと言うかもしれない、その可能性を考えなかった。思いつきもしなかった。これまで教師が見てきた〝二人が仲が良かった〟という印象だけで。しかも、教師には見えないところで、もしかしたら彼女たちにはトラブルがあったのかもしれないという可能性さえ封じてしまった。自分の目を過信した。教師の目に見える世界がすべてだと思い込んでしまったのである。

◇三　都合の良い解釈と意識していないバイアス◇

しかし、これだけならば、この教師は生徒指導の原則を甘く見て、段取りを怠ってしまったということでしかない。私が「メタ認知能力」の問題として取り上げたいのは、実はそのことではない。私が取り上げたいのは、実は「なぜ、この教師は生徒指導の原則を逸脱して、二人を一緒に呼んでしまったのか」ということである。

おそらくこの教師は無意識のうちに、生徒指導の時間を短縮させたいと思ったのではないか。私にはそう思えるのだ。

　この生徒指導は放課後に行われた。この事案は小学校の事例である。中学校・高校ならば、複数の教師が同時に二人の事情聴取に当たることができる。しかし、小学校ではそれがしづらい。こういう言い方をすると、小学校が学級担任が一人で学級に責任をもつシステムになっており、他の教師に指導を頼みづらいからだと考える向きが多い。しかし、そうではない。そうではなく、事情聴取に限らず生徒指導というものは、その子どもに普段から日常的に接している教師が行うというのが原則である。小学校では、それが学級担任しかいないのだ。中学・高校でも、生徒指導にあたるのはその生徒の教科担任として日常的に接している教師である。それが原則だ。普段接していない教師には、子どもも本音を言いづらい。それは子どもだけでなく、人間の性《さが》である。その意味で、事情聴取するのに相応しい教師は、A子ちゃん、B恵ちゃんともに担任教師なのである。

　もしもこの指導事案が朝に発覚し、今日中に事情聴取をということであれば、この教師も一人ずつ呼んで事情を聞いたかもしれない。A子ちゃんを中休みに、B恵ちゃんを昼休みにというように、段取りを組むことができるからだ。しかし、放課後に二人から事情聴取をということになると、一人ずつ事情を聞くにはどちらか一方を別室で待たせながらの聴取となり、二人同時に指導するよりも時間が倍かかることになる。二人の言い分が食い違ったり噛み合わなかったりした場合には、それらを一つ一つ確認するために更に時間がかかることになる。おそらくこの教師はこの流れが面倒だったのではないか。

もちろん、教師はこの原則通りの段取りが面倒だから二人いっぺんに指導してしまおうとはっきり意識していたわけではない。しかし、この〝時間がかかって面倒だ〟という無意識の思いが、自分に都合の良い情報だけを取り上げさせ、大きなバイアスを生んだのではないか。つまり、「二人はこれまでとても仲が良かった」「二人は仲直りしたがっているはずだ」「こじれることはないだろう」「すぐに仲直りできるはずだ」「二人一緒に呼んでも大丈夫だろう」「お互いに謝罪し合って納得したはずだ」といった、都合の良い情報、都合の良い解釈だけを頭に浮かべさせたのではないか、ということである。

四　メタ認知能力の高い教師と低い教師

「メタ認知能力」の高い教師ならば、自分に都合の良い情報や自分に都合の良い解釈に対しては、常に「それはほんとうか」「そこにバイアスはないか」と考える癖がついている。前講で述べたように「メタ認知」とは「認知活動を対象とした認知」であるから、その思考過程として自らの思考を疑うことこそがその中心である。仮に「メタ認知能力」の高い教師がこの事案に遭遇した場合、「うーん……都合の良い解釈ばかりが浮かんでる。何かバイアスがあるのではないか」と考えることになる。そして、「ああ、自分は早く指導を終わらせようとしているのだな」と気づき、「いかんいかん。ちゃんと細かく事実確認しなくちゃ」となるわけだ。

反対に「メタ認知能力」の低い教師は、自分に都合の良い情報ばかりを集め、自分に都合の良い解釈ばかりを施し、その都合の良い解釈に合致した情報ばかりを更に集めるという愚を犯す。結果、都合の良い解釈は更に補強され、確信へと変わっていく。その解釈に何の疑問も抱くことなく指導にあたるものだから、事実確認においても細かいところに目が向かない。自らの思い込みが子どもの言葉や表情さえ都合良く解釈させる。それでいて自分の思考が蟻地獄に嵌まり込んでいることにまったく気づかない。

保護者からクレーム電話が来たときでさえ、まず頭に浮かぶのは「そんな馬鹿な……」である。A子ちゃんはあんなに良い表情で帰って行ったのに……。自分の指導に納得したはずなのに……。そんな思いが「すみません」とだけ謝罪すれば良いものを、「A子ちゃんが良い表情で帰ったものですからまったく気づきませんでした」などと余計なことを口に出させる。それがA子の保護者の逆鱗に触れる。教師には自分のどの発言が保護者の怒りを更に高めてしまったかがまったく理解できない。

こうなったからには、B恵への連絡においても最大限の慎重を期すべきなのに、これまたB恵ちゃんの方はそんなことはないはずだとの都合の良い解釈が先に立つ。B恵に確認していくための教師の一つ一つの言葉に隙が生まれる。結果、B恵の保護者にまで不信感を抱かれてしまう。学年主任や管理職がばたばたと動き始めて、やっと事の重大さに気づくことになるが、もう後の祭り……。A子の保護者もB恵の保護者も「うちの娘が悪いというのか」「担任の指導はなってない」と一切あとに引かなくなっている。自分のどんな言葉遣いが、自分のどの発言がこうまで保護者を憤らせてしまったのか、本人にはまったくわからない。とにかく管理職とともに両家に家庭訪問に行って謝罪することになる。それでも一度失った信頼関係は修復できない。

そもそも、教師本人には何が原因でこうなってしまったのか、つまり、生徒指導の原則的段取りを踏むことを怠ったことが理由でこうなってしまったということが理解できない。

子ども本人は「先生は自分だけを悪者にした」と言うばかり。保護者は「うちの娘の言い分をまったく聞かなかった」と責めるばかり。子どもの気持ちを慮る必要がある、子どもの表情をしっかり見取る必要がある、そんな一般論ばかりが保護者からも、そして管理職からも出るばかり……。「メタ認知能力」の低い教師は、「メタ認知能力」が低いがために、この状況で「自分は子どもの気持ちがわからない、子どもを見取ることができないダメ教師なのだ」と自信をなくすことになる。ひどいときには精神的に不安定にさえなってしまう。分析的に物事を捉えられないことが引き起こす悲劇である。

五　原理・原則とメタ認知能力

たった一つ、「事実確認」における段取りの原則を怠ったがために、これだけのことが起こり得るのである。

そもそも、「原理・原則」や「マニュアル」といったものは、こうした「メタ認知能力」の低い教師でも大きな失敗をしないようにと「メタ認知能力」の高い教師によって作られたものである。なのに、「原理・原則」を逸脱したがるのは、いつも「メタ認知能力」の低い教師である。少なくともその傾向がある。「マニュアル」批判を喧《やかま》しく主張するのも「メタ認知能力」の低い教師だ。自分に都合の良い情報を集め、自分に都合の良い解釈を施しがちなタイプの人間は、他人のつくったものに従わされることを忌み嫌う傾向がある。「原理・原則」や「マニュアル」といったものよりも、自分の感覚、自分の信条を信じる嫌いがある。それほど研ぎ澄まされた感覚でもないのに、それほど深く考えられた信条でもないのに、自らを過信する。はっきり言えば、そのような人たちに「原理・原則」の逸脱や「マニュアル」批判をする資格はない。

時に「原理・原則」を逸脱したり、行きすぎた「マニュアル」を批判したりする資格があるのは、「メタ認知能力」の高い少数の教師たちだけである。彼ら彼女らは刻々と変化していく生徒指導状況を常にメタ認知しながら、その場その時の最善の一手を打とうと試みる。しかも、「原理・原則」の大切さ、「マニュアル」に書かれたことの的確さを熟知しているが故に、そう簡単にはそれらから逸脱しない。そうした教師たちがたまたま見せた「原理・原則」の逸脱場面や、そうした教師たちがたまたま発した「マニュアル」批判を、「メタ認知能力」の低い教師たちは「メタ認知能力」が低いが故に都合良く解釈し、自分も逸脱して良いのだ、自分も「マニュアル」通りに動いているだけでは個性を発揮できないのだと思い込む。そうした単純な思い込みが、非常にシンプルな「原理・原則」や「マニュアル」から逸脱させ、時に致命的なトラブルに迷い込むことになる。

学校現場において、「メタ認知能力」の欠如は、このようにして同僚や管理職に必要のない負担を強い、多大な迷惑をかけることになる。厳しいようだが、それが現実なのである。

第九講　メタ認知Ⅲ

「メタ認知」が良い仕事と人間関係を生む

一　職員会議の提案

　教師ならだれでも一度や二度は、自分では「これは！」と思った提案が職員会議で通らなくて、悔しい思いをした経験があると思う。もっと無理があると思われるような提案でも通ることがあるというのに、どうして自分の提案が通らないのか。そんなことを思ったこともあるかもしれない。

　例えば、行事の在り方を少し変えようとの提案をする。去年までのやり方は少々形骸化していた。子どもたちもルーティンにこなしているだけのように見えた。この行事も運動会や学習発表会のように、子どもたちが活き活きと取り組めるような行事にできないか。そう考えて立てた企画だ。担任の先生方は少し忙しくなるけれど、それも数日のことだ。それほど大きな負担をかけるわけではない。子どもたちのためだ。きっと先生方も理解してくれるに違いない。もしも反対意見が出たとしても、この企画だけはゴリ押ししてでも通したい。子どもたちの喜ぶ顔が見たい。何と言っても、学校は子どもたちが第一だ。行事形態を変える必要はないという意見には反論を用意した。去年の子どもたちのアンケートの反応は芳しくなく、職員の反省アンケートでも変えた方がいいという意見が多かった。負担が大きいという意見にも反論は用意した。残業があるとしてもせいぜい三日程度だ。それも、みんなでやれば六時までには終わる作業ばかり。大丈夫。子どもたちのために、みんなこのくらいは協力してくれるはずだ。学校は子どもたちが第一なのだから……。

でも、結果は散々だった。強く反対する先生が三人いた。あなたはなんとか説得しようと試みた。何よりこの企画は子どもたちのためになるのだからと。でも、三人はあくまで反対。どれだけ言葉を尽くしても引いてはくれない。最後には、教務主任が「これだけ強く反対する先生方がいるわけですから、今年は例年通りということで。来年までに検討するということでどうでしょうか」とまとめて職員会議が終わった。来年までに検討……。要するに様子見だ。そしてあなたは知っている。今年度は例年通り、次年度までに再検討、こういう結論が実は否決を意味し、もう二度と取り上げられることなどないということを……。それにしても、あの三人はなぜ、ああまで反対するのか……。あなたは納得できない。

そう。自分が見ている世界と、現実の世界は違う。それもかなり違う。きっとまったく違う。自分の世界は、自分の都合の良いように見えている。それが、自分の提案の難点を見えなくさせる。他の人たちの都合に目を向けることさえさせない。そして納得できないままに、提案が通らなかったという事実だけが残る。それが職員会議である。

二 「子どもたちのために」という宝刀

子どものために……。「メタ認知」のできない、子どもたちの指導に入れ込むタイプの教師は、このフレーズを伝家の宝刀だと考える傾向がある。

そういう教師は毎日残業である。いつまでも学校に残る。普通の教師がしないようなことにまで取り組むので、いくら時間があっても足りない。ＩＣＴその他の技術も身につけているので、周りが驚くような成果を上げることも少なくない。もちろん、その教師個人が寝食を忘れて「子どもたちのために」と仕事に打ち込むことは良いことである。だれにはばかることなく、自分が納得するまで取り組めばいい。しかし、事が職員会議の提案となるとそうはいかない。この感覚で提案していては通るものも通らない。

言うまでもなく、職員室は二つの組織が並行して動いている。一つは学年・学級組織、もう一つが校務分掌組織だ。学年・学級運営についても校務分掌についても職員会議で提案されるが、前者の提案が通らないということは基本的にない。前者は同じ学年の一部の人間が動けば良いというタイプの提案であり、まず間違いなく学年会議で既に確認されていることが提案される。他の学年所属の教師たちとしては当該学年が当該年の仕事として提案しているわけだから、よほどのことがない限り文句は言わない。それが前例となって次年度以降のその学年の運営が大きく変革されることになるとか、その提案が他学年にも大きな影響を与えることになるとか、そんなことでもない限り簡単に提案が通るわけだ。しかし、校務分掌の提案となるとそうはいかない。校務分掌組織は学校全体の教育課程をスムーズに展開させるために、職員室構成員の全員を動かすというタイプの提案である。提案者一人の思い入れや思い込みによって、全員が動くタイプの意志決定をさせるわけにはいかない。さまざまな事情をもつ職員に配慮された提案、一人ひとりが熱心に取り組んでいることを妨げないよう配慮された提案でなければ、簡単には受け入れられない。

子どものために……。学校である以上、理念的には正論である。すべての学校職員は子どもたちのために仕事をしている。だが、誤解を怖れずに言えば、教師は「子どものために」以前に、数ある「職業」のうちの一つであり「仕事」なのである。つまり、「喰うための手立て」なのだ。普段は意識されないけれど、教師という職業がもしも喰えない職業であるとしたら、ほとんどの人間が転職するはずである。あなただって、教職が給料が出ないということになったら続けていられるだろうか。もしも手取り十万円以下の職業になったとしたら転職を考えないだろうか。「子どものために」論者はこんなあたりまえの前提を忘れてしまいがちだ。

三　さまざまな事情への配慮

教職が「喰うための職業」の一つであるということは、簡単に言えば「生活の糧」であるという側面をもつということだ。

例えば、小さなお子さんを保育所にあずけているという教師がいる。六時までに子どもを迎えに行かなければならない。遅くとも五時半には学校を出なければならない。延長保育は七時まで。それでも六時半に学校を出なければ間に合わない。しかも、延長保育を申請すると某かのお金がかかる。迎えに行くのは夫婦で分担しているけれど、毎日お互いに仕事のやりくりをしながら「今日は私、明日はあなた」と分担している。

こうした教師にとって、仕事としての「子どものために」と生活としての「子どものために」がさまざまな場面で矛盾する。教職は「生活の糧」だとは言っても、小さい子をもつお母さん先生、お父さん先生だって、学校の子どもたちをどうでも良いと考えているわけではない。しかし、自分の子と仕事上の子どもたちと、どちらの優先順位が高いかと言えば、それは火を見るよりも明らかだ。しかし、「私は子どもが小さく、保育所の送り迎えをしなければならない」と職員室でわざわざ宣伝する人はいない。仕事を協働で行っていくということは、職員会議に諮る校務分掌上の提案をするということは、こうしたあり得べき職員に配慮しながら行うというのが前提なのである。すべての時間が自由になり、すべての収入が自由になる者の生活を基準にして提案することは、「配慮の足りない行為」なのである。

例えば、自宅で親を介護しながら仕事を続けているという教師がいる。定期的に病院に連れて行く必要もある。突如体調を崩したというときに、急いで病院に連れて行けるかどうかということが命にかかわる。自宅のトイレやお風呂に手すりをつけるとか、介護用品を揃えるとかにかなりの金額がかかる。介護認定のレベルによって、介護サービスを使える日数からレンタルできる介護用ベッドまで変わる。親がなにかを食べたいと言えば、時間的に経済的に少し無理をしてでも、外食に連れて行って食べさせてあげたい。数十年にわたって自分を育ててくれた親である。そのくらいのことはしてあげたいと思うのが人情ではないか。時間的にも経済的にも精神的にも、こうした教師たちはぎりぎりの状態で生活しているのだ。しかし、「私は介護を必要とする親をもっていて、いつなにが起こるかわからない」と職員室でわざわざ宣伝する人はいない。仕事を協働で行っていくということは、職員会議に諮る校務分掌上の提案をするということは、こうしたあり得べき職員に配慮しながら行うというのが前提なのである。すべての時間が自由になり、すべての収入が自由になる者の生活を基準にして提案することは、「配慮の足りない行為」なのだ。

例えば、自分の健康に不安を抱えながら仕事を続けている教師がいる。古くからこの学校に勤めている教師たちは、その教師が数年前に大手術の末に仕事復帰したことを知っている。数年が経ち、職員室のメンバーも入れ替わって、当時の状況を知る者も減ってきている。しかし、当時を知る職員は、その教師がいまなお定期的に病院通いをしていることを知っている。疲れが溜まるといまでも体調を崩しかねないことを知っている。あと数年経ったら、定年前でも退職しようと考えていることも知っている。そんな教師が、毎日、周りに迷惑をかけないようにと笑顔で仕事している心情を思うと、まだその教師が元気だった頃に一緒にばりばり仕事をしていた時代を想い出して涙が浮かぶことさえある。しかし、そういう教師たちも「私は体調に不安があるから、あまり無理はできないのです」とわざわざ職員室で宣伝などしない。仕事を協働で行っていくということは、職員会議に諮る校務分掌上の提案をするということは、こうしたあり得べき職員に配慮しながら行うというのが前提なのである。すべての時間が自由になり、すべての収入が自由になる者の生活を基準にして提案することは、「配慮の足りない行為」なのである。

四　メタ認知能力と教育効果

もし仮に、あなたがこうした教師たちに批判的であり、「教職は子どもたちを育てるためにある職業だ。満足に仕事ができないのならば税金で喰う資格はない」などと考えるとしたら、あなたは教職に向いていない。少なくとも、私はそう思う。職員室で弱者に冷たい発想をする教師に、いったいどんな教育ができるというのか。職員室でさまざまな事情を抱えながら仕事をしている教員への接し方と、教室でさまざまな事情を抱えながら過ごしている子どもたちへの接し方との間に、そんなに明確な一線など引けるものだろうか。ことさら同僚が「仲間」であるとか、職員室の「共同性」がどうとか言っているのではない。健康で家族にも不安がない、そもそも面倒を見なければならない家族自体がいない、時間も金も自由になる、そうした人の動き方の基準で提案するということは、完全に自分の都合だけで仕事の在り方を考えているということである。そうしたメンタリティが学級経営や授業運営や生徒指導で出ないはずがないではないか。そう言っているのだ。

職員室における「さまざまな事情」は「弱者」にのみあるのではない。例えば、あなたに仕事上の「やりたいこと」があるように、職員室にいるすべての教職員が「やりたいこと」をもっている。ある者は口では言わないものの、優先順位の一位が部活動の運営である。また別のある者は口では言わないものの、優先順位の一位が校外での研究である。更に別のある者はやはり口では言わないものの、優先順位の一位が進路事務における新たなシステムの開発である。それぞれの人たちは、地区の部活動の運営に携わっていたり、市の教委の教育課程研究に協力していたり、市の進路指導組織の若手有望株であるかもしれない。そうした「さまざまな事情」で退勤とともにどこかに出かけ、毎週のように会議を重ねているのかもしれないのだ。こうしたことをあなたは知っているか。

私は中学校教師であるが、全市的などんな会議がいつ行われるかがだいたい頭に入っている。小さなものまで含めて部活動の大会がいつ行われるかが頭に入っている。そして、職員会議の提案をするにしても、「ああ、この時期は○○という仕事が忙しい時期だな」とか、「ああ、この土日は○○部の○○杯だな。金曜日はじっくりミーティングをして最終チェックをしたいだろうな」とか、こうしたレベルのことを考えて提案をつくっている。どうしてもそういう時期に忙しくなる提案をしなければならないときには、「ごめんね。どうしてもこの日に入れないと動かない日程なんだ」と事前に声をかける。そういう声かけをしていれば、職員会議で反対されることなどまずない。

「な〜んだ、根回しをしておけばいいのか」という話ではない。部活動にしても外部会議にしても、また、保育所の都合や介護の都合や通院の都合にしても、この情報を得ること自体が難しいのである。そのときどきの心情的な第一優先順位が公務ではないことなど誰が口にするだろう。「この日、○○杯の前日だよね。前日に会議は困るでしょ……」と具体的に声をかけて、初めて相手は「いや。公務優先だから勤務時間内は会議入れて」と言うのである。「ああ、この人は自分に配慮してくれている」と思うからこそ、相手は譲るのである。その相手が譲ってくれたのだから、その会議を開く責任者として、なんとしても会議を勤務時間内に終わらせるという決意で臨む。こうしたやりとり、こうした人間関係があって、初めて仕事というものはスムーズに進行するのだ。加えて、保育所や介護や通院に至っては明らかな個人情報である。彼らには同僚に迷惑をかけているという負い目もある。自分がそうした状況であることを、心ある人たちは絶対に宣伝しない。

あなたの学校にも、あの人の提案することは難しい提案でもなぜか職員会議で通ってしまうという人がいないだろうか。実はその提案には、あなたには見えないだけで、職員室の個別の事情に配慮された、さまざまな工夫が取り入れられているのである。「メタ認知能力」の低い教師には、そうした配慮の在処さえ見えないのである。

職員会議の提案に限らず、学校の仕事の成否というものは子どもたちと教職員との「関数」である。教職員が意気に感じ高い意識をもって取り組んだ仕事には子どもたちの意欲も喚起される。子どもたちへの効果も出る。逆に、「子どもたちのためだから……」と教職員に無理を強いた仕事は、教職員が疲弊したり後ろ向きになっていたりするがために子どもたちへの効果も薄くなる。人間の営みが人間の営みと「関数」であるのだから、職員室全体を動かすような提案において何より大切にしなければならないのは、何よりも先生方に意気に感じてもらうことなのだ。できれば心から納得してもらう。それができなくても仕方ないなと思ってもらう。

「メタ認知能力」の高い教師ほど良い仕事ができる。それがない提案は通らないのだ。

「メタ認知能力」の高い教師ほど良い人間関係を構築できる。

そしてそれらは結果的に、「子どもたちのために」大きな効果を発揮することになるのである。

第十講 メタ認知Ⅳ

ＡＬ時代を切り拓く！
教師に求められる力

一　人間の性

私たちはさまざまな「思い込み」に縛られて生きている。なかでも、自分に見えているものは正しい、自分の考えていることは正しい、要するに「自分の認識が正しい」という観念に如何ともしがたく縛られる。自分が苦労してつくった授業、自分が良かれと思ってした指導、自分が子どもたちのためにと時間をかけてつくった提案、こうしたものを「正しいに決まっている」と思い込み、その授業が真に機能しているか、その指導がほんとうに子どもたちのためになったのか、その提案に別の側面がないかといったことを検討させない。事前に某かの「発見」を伴い、意気込んでつくったものには大きな情動も伴う。その情動が更にあり得べき「別の側面」を見えなくさせる。それがだれもが避けることのできない、いわば「人間の性《さが》」である。

一方、自分が「正しい」と思い込んだことが実際に機能していなかった、自分が良かれと思い込んでしたことが相手の意にそぐわなかった、自分が素晴らしいと思い込んだ提案が他の人たちに受け入れられなかったといった場合、その「思い込み」が深ければ深いほど、激しければ激しいほど落ち込むことになる。自分の存在を全否定されたかのような衝撃を受ける。ときには「もうやっていられない」などとさえ感じてしまう。それが更にそれぞれの事象の「別の側面」を見えなくさせる。そしてただ、落ち込む。これも「人間の性」である。

そんな自分を「メタ認知」しながら生きることの必要性はよくわかる。物事を多角的に捉え、論理的に判断することの必要性も頭では理解できる。しかし、人間はそんなに複眼的な思考ができるものではない。だいいち、人間の本質的な営みのほとんどには理由がない。なぜこれが好きなのか。なぜその人を愛するのか。なぜこの両親のもとに生まれたのか。なぜあのときとるべき行動をとれなかったのか。自分の人生に後悔はなかったか。人生はそんな営みの連続であるとさえ言える。どれもこれもわからないし、突き詰めれば突き詰めるほどにその理由がないことに気づかされる。これも「人間の性」だ。

しかし、そうした「混沌たる人間」を肯定したまま子どもたちの前に立ち続けることがこの職業なのかと問われたら、あなたはどう応えるだろうか。「そうです。そうなのです。それで良いのです」と自信をもって答えられるだろうか。自分が一人の「人」として生きることと、自分が仕事として子どもたちの前に立つこととの間には、やはり一線があるべきなのではないか。

実は学校教育にＡＬを導入するということは、教育活動の中心軸をＡＬへと移行させるということは、授業・道徳・特活のすべての領域において、子どもたちのなかにこの「人間の混沌性」のようなものを露出させることなのである。少なくとも、そういう状態にこれまで以上に近づけることであることは間違いない。一斉授業はＡＬ型授業に比べれば、その露出の可能性の低い授業手法であった。授業で質問されても、授業が思ったようにうまく進まなくても、最後には指導事項をまとめれば形にはなったのである。このことは、指導事項という「逃げ場」があったとも言える。しかし、ＡＬ型授業ではむしろ、主体的に考えること自体が、子どもたちが対話すること自体が「指導事項」となる。「経験させること」自体が指導事項となるわけだ。そのとき、子どもたちのなかに起こる思考過程、対話手法、認知過程といったものに対する深い知識と経験が教師に必要になってくる。

あなたにその覚悟があるか。いや、仮になかったとしても、私たちはそれを身につけなければならない立場に立たされている。それが現在《いま》だ。

二　ＡＬ型授業が求める力量

おそらくＡＬの導入は、教師のさまざまな力量のなさを露呈させることになる。

例えば、ＡＬ型授業は子どもたち同士の対話が設定される。もう少し具体的に言うなら、子どもたちの小集団交流を導入しなければならないわけだ。子どもたちにできる限り「深い学び」を成立させるためにと、一般的に課題づくりや小集団交流の手法ばかりに目が向いているようだが、従来の一斉授業との一番の違いは小集団交流の時間を確保しなければならないということである。例えば、四十五分の授業のなかに十五分間の小集団交流を入れるとしたら、一斉授業であれば四十五分使っていた説明を三十分で終わらせなければならないということだ。もしも、三十分程度のダイナミックな活動を仕組むとすれば、教師がしゃべれる時間は十五分になるということなのだ。しかも、ひとたび交流せよと子どもたちに任せる時間が始まった後に、某かの難点に気づいたとしても、もう間に合わないということなのだ。言い直し、言い換え、言い淀み……そんな時間はないのである。教師には、一度で子どもたちにスパッと理解されるような、明快で的確な言葉で語ることが必要とされる。つまりは最初の十五分のうちに、三十分の活動時間の終わりまでを見越して過不足なくインストラクションしなければならないということなのだ。こんなことが、自分の授業ビデオを見ることさえはばかられるような力量のない教師、「メタ認知能力」の低い教師にできるだろうか。

ＡＬ型授業では子どもたち同士の対話が設定される。もちろんそこでは、課題に即した知識を言い合うだけでなく、なぜそう考えたのか、どういう思考過程を経てそういう結論に至ったのか、Ａくんの意見とＢさんの意見の共通点と相違点は何か、三つの意見を融合するような高次のまとめ方はないか、こうした方略に関する知識同士、認識同士が交流されることになる。生徒指導において、子どもの言い分を、つまりは子どもの認識をよく確認もせずに結論に向かおうとした教師の態度は、子どもたちの対話のモデルとして機能するのではないか。教師が「メタ認知能力」を発揮することなく解決へと導けなかったコミュニケーションも、教師が「メタ認知能力」を発揮して解決へと導いたコミュニケーションも、すべてが子どもたちの対話モデルとして機能してしまうのである。こう考えると、ＡＬ型授業を展開するために、「メタ認知能力」を発揮しながらの日常的なコミュニケーション活動が及ぼす影響は無視できないほどに大きいということがわかるはずだ。

ＡＬ型授業では子どもたち同士の対話が設定されるのみならず、学級や学年を越えてのワークショップや、時にはゲストティーチャーを招いたり地域の方の協力を得て校外に出て活動したりという場面がこれまで以上に増えるはずである。当然、日常的に接している同学年の教師のみならず、他学年の教師や地域の方々とのコミュニケーション場面が増えていくことになる。要するに、他学年教師や校外の方々との交渉や調整が必要になるわけだ。そんなとき、自分の担当する子どもたちのためになるからと、自分の都合ばかりを主張していて、他学年教師や校外の方々の協力を得たり調整したりすることができるだろうか。そして何より、教師は子どもたちに他学年や地域の方々への感謝の気持ちをもつことや、その人たちの意を汲みながら活動することを指導しなければならない立場にあるのではないか。そんなことが、職員全体に配慮しながら職員会議提案を作ることさえままならない教師にできるはずがないのである。ここにも高度な「メタ認知能力」が必要となるはずだ。

第七講から第九講まで、私は授業ビデオにしても生徒指導にしても職員会議提案にしても、基本的に学校内部の閉じられたエピソードとして語ってきた。しかし、これからはそのような学校という閉じられた空間でしか通用しないようなレベルの事柄に拘泥するメンタリティではやっていけないのである。また授業づくりにおいては、少なくとも、私が第四講から第六講までで語ったような、あのようなレベルで子どもたちの交流の実態を的確に評価していかなければならないのだ。子どもたちの交流過程や思考過程を「メタ認知レベル」で捉えていかないことには、授業づくりもままならないのである。

あなたにその覚悟があるか。いや、仮になかったとしても、私たちはそれを身につけなければならない立場に立たされているのだ。そしてそれが、現在《いま》なのだ。

三　メタ認知に必要な知識

「メタ認知」の始祖フレーベルを持ち出すまでもなく、「メタ認知」は、いまメタ認知すべき問題となっている「課題についての知識」のみならず、「人間の認知特性についての知識」「方略についての知識」という三つの方向性の知識が必要とされる。

しかし、学校現場はたいていの場合、いま問題とすべき「課題」ばかりがその「課題」に集中して議論される傾向がある。例えば、ＡＬ型授業を導入すれば子どもたちの「主体的・対話的で深い学び」が成立するというような議論はその最たるものだ。しかし、それだけではまったく足りないのである。

第一に、「人間の認知特性について知識」を持ち、活用する必要がある。人間の「認知特性」には三種類がある。「個人内の認知特性」「個人間の認知特性」「人間一般の認知特性」である。

「個人内の認知特性」では何を措いても、教師個人の、つまりは自分自身の認知特性について理解する必要がある。もちろん、自分自身についてさえ完全に理解することなど不可能である。しかし、考え続けること、追究し続けることはできるはずである。自分のキャラクター、自分の思考の癖、自分を取り巻くバイアス、そうしたことを一つ一つの教育活動においてリフレクションし続けるのである。失敗したときばかりではない。教育活動がうまくいったときにさえ、内省し続けるのである。人は失敗を内省するけれど、成功にはなぜ成功したのかを問わない。だがこの癖をつけることが何より大切である。子どもたち個々の「この子はこういう子」「あの子はこういう子」という子どもたちの認知特性について評価する以上に、自分自身の認知特性を分析することの方が、実は教師としての職能は高めることができるのである。

自分自身の認知特性を意識することができれば、安易に他人を評価したり批判したりということが少なくなる。自分自身こそがさまざまな思い込みに支配され、さまざまなバイアスに支配されていることに気づかざるを得ないからだ。こうした姿勢をもって、初めて「個人間の認知特性」へと目を向けることができるようになるのである。自分とAくんとの関係、自分とB先生との関係、それがAくんとB先生への関係性の把握へと敷衍されていく。人間関係の把握とはそのような順番で深まっていくものなのである。

「人間一般の認知特性」についてできるだけデータを集めておくことも大切である。他人との交流や議論を好む人間は多い。しかし、少なからず好まない人間もいる。体験的に学んだこと、対話的に学んだこと、目標をもって学んだことは、そうでない場合によりも身につきやすい。このような人間一般の特性に鑑みて、AL型授業を〝どのように構想するか〟と同時に、AL型授業を〝なぜ導入すべきなのか〟も見えてくる。

そしてこの三者について持てる力のすべてを発揮して分析した後に、初めてこの課題に対してAくんはどう考え、Cくんはどう考え、Dくんはどう考えるのか、それをどういう順番で掛け合わせたとき最も効果的なのか、そこにB先生はどうかかわるのが良いのか、そして何より自分は事前にどんな情報を伝え、事中に何を見、事後のリフレクションでは何を助言すべきなのかも見えてくるのだ。

加えて「方略についての知識」である。時代はさまざまなＡＬ型授業に効果的な交流の手法、議論の手法（システム）を紹介しているが、そのそれぞれにどのようなシステムなのか、どのような手続きで展開されるのか、どのような条件のときにその方略が適しているのかという三つについては、教師は最低限の知識としてもつ必要がある。この三つがないと、その授業で扱う課題に適していない交流システムを用いてしまうとか、そのシステムが効果を上げるのに重要な手続きをカットしてしまうとか、初期指導に適したシステム（例えば「ペア学習」のような）を秋になっても冬になっても使い続けるとか、年度当初にいきなりダイナミックな交流システムを使って子どもたちが戸惑うとか、そうしたことが起こりかねない。

あなたにその覚悟があるか。いや、なかったとしても、私たちはそれを身につけなければならない立場に追い込まれているのだ。それが、現在《いま》なのである。

四　ＡＬ型授業が求めるメタ認知能力

一斉授業は、教師に課題に関する知識さえあれば、子どもたちにわかりやすく説明することによって授業を成立させることができた。認知特性の理解も教師が子どもたち個々の認知特性を理解していれば、それなりに指導し助言することができた。しかし、ＡＬ型授業はその「これまでは教師がやっていた作業」を子どもたちに担わせようという学習手法なのである。もっと言うなら、子どもたち自身の「メタ認知能力」育成に培おうという学習手法なのである。子どもたちが自らの認知特性を理解し、自分と相手との間に生じる認知特性の違いに気づいてそれをなんとか高次の次元で解決しようとし、更にはそうした営みにおいて常に一般論に照らし合わせて思考しようとする、そうした学習活動を創り上げようとの膨大な試みなのである。

そうした授業を運営しようとする教師に求められるのは、一斉授業で最も必要とされた明快にして的確な言葉で語ることのみならず、子どもたちの異なる見解が掛け合わされたときにどのような高次の思考を呼び寄せる可能性があるのかを把握できるような思考力、そのためにどのような交流システムを採用するのが良いのかという方略に関する知識、更にはそのシステムの機能をより高めるためにどのような条件設定をすべきなのかに細かく配慮する思考力、子どもたちに予想外のハプニングが起こったときに臨機応変に対処できる対応力といったものである。どれもこれも「メタ認知能力」なしにはなし得ない、難しい対応ばかりである。

これからの時代、学校教育にＡＬ型授業が導入されるということは、好むと好まざるとによらず、すべての教師にこうした力量が求められるということなのである。

最後にもう一度問おう。

あなたにはその覚悟があるか。いや、好むと好まざるとによらずその覚悟を持たなければならないのだ。それが、「現在《いま》」という時代を生きる教師の職能なのである。

あとがき

こんばんは。堀裕嗣です。最後までお読みいただきありがとうございました。

一九八七年春。大学入学とともに鹿内信善先生に出会いました。母校の全学生にとって必修単位となる「青年心理学」「教育心理学」を開講する、当時はまだ三十代の若き研究者でした。私は鹿内先生に出会うと同時に、心理学という学問に夢中になりました。四年間、教育心理研究室のゼミ員しか受講できない講義やゼミにも出席し続け、さまざまな合宿にも参加させていただきました。その後、修士課程に学んだ折にも、鹿内先生の講義を受講し続けました。現場に出てからも、何度も研究会でご一緒する機会を得、一時期は共同研究もしていました。間違いなく、鹿内先生は私の師匠の一人です。

鹿内先生の信条は、「学術は実社会で活きなければ意味がない」でした。どんな心理学理論も、その理論や実験の経緯を扱うとともに、この理論は教育現場ではこういうふうにも役立てることができるし、もしかしたらこんなふうに活用できる可能性さえあるということを語るのでした。この鹿内先生の学術研究の姿勢が私に与えた影響は計り知れないものがあります。私はその後、心理学に限らず、学んだすべての理論、読んだすべての本、自分が感銘を受けた詩や小説でさえ、これは教育現場ではどのように役立つか、これは教育に対する自分の発想をどのように変えたり発展させたりする可能性があるか、そういう目で見、そういうふうに捉えるようになったのです。学生時代以来、私が愛読している三島由紀夫に文学者として同様の主題が見られたこともあり、このような発想で現象を見つめ、内省することが私のライフワークとなりました。

今回は「行動主義」と「認知主義」の学習理論、動機付け、メタ認知という三つを取り上げましたが、ほんとうはもっともっと扱いたい理論や実験がたくさんありました。しかし、AL時代を迎え、教師としての立ち居振る舞いを変えることを余儀なくされている現在、本書の内容に落ち着いた次第です。本書は、もしも鹿内先生に出会っていなかったら、自分にはALがこのようには見えていなかっただろうというファクターに絞って、十講をまとめることにした次第です。

今回も編集の及川誠さん、姉川直保子さんにお世話になりました。ここに記して御礼に代えさせていただきます。

薔薇のように咲いて 桜のように散って／松田聖子 を聴きながら…

二〇一七年一月六日　例年にない大雪に見舞われた札幌にて　　堀　裕嗣

【著者紹介】

堀　裕嗣（ほり　ひろつぐ）

1966年北海道湧別町生。北海道教育大学札幌校・岩見沢校修士課程国語教育専修修了。1991年札幌市中学校教員として採用。学生時代，森田茂之に師事し文学教育に傾倒。1991年「実践研究水輪」入会。1992年「研究集団ことのは」設立。

現在，「研究集団ことのは」代表，「教師力 BRUSH-UP セミナー」顧問，「実践研究水輪」研究担当を務める傍ら，「日本文学協会」「全国大学国語教育学会」「日本言語技術教育学会」などにも所属。

『【資料増補版】必ず成功する「学級開き」魔法の90日間システム』『必ず成功する「行事指導」魔法の30日間システム』『スペシャリスト直伝！　教師力アップ成功の極意』『教師力ピラミッド　毎日の仕事を劇的に変える40の鉄則』『堀裕嗣―エピソードで語る教師力の極意』『教師力トレーニング・若手編　毎日の仕事を劇的に変える31の力』『THE 教師力』『THE 教師力～若手教師編～』『THE いじめ指導』『THE 手帳術』『国語科授業づくり入門』『教師が20代で身につけたい24のこと』『教師が30代で身につけたい24のこと』『教師が40代で身につけたい24のこと』（以上，明治図書）など著書・編著書多数。

E-mail：hori-p@nifty.com　　Twitter：kotonoha1966
BLOG：http://kotonoha1966.cocolog-nifty.com/blog/

よくわかる学校現場の教育心理学
―ＡＬ時代を切り拓く10講―

2017年７月初版第１刷刊 ©著　者 堀　裕嗣
2018年４月初版第４刷刊 発行者 藤原光政
発行所 明治図書出版株式会社
http://www.meijitosho.co.jp
（企画）及川　誠（校正）姉川直保子
〒114-0023　東京都北区滝野川7-46-1
振替00160-5-151318　電話03(5907)6704
ご注文窓口　電話03(5907)6668

＊検印省略　組版所 株式会社カシヨ

Printed in Japan　ISBN978-4-18-098913-3